판소리 詩

영산수궁가 榮山水宮歌

지혜사랑 047

판소리 詩

영산수궁가 榮山水宮歌

양해 열

작가의 말

'판소리'는 한 명의 唱者가 긴 敍事的 이야기를 한 명의 鼓手 북장단에 맞춰 창 · 아니리 · 발림을 섞어, 여기에 고수와 청중의 추임새와 호응하며 엮어나가는 '공연예술'이다. 음악적인 唱과 문학적인 내용인 辭說의 만남으로부터 시작되어 현재와 같은 모습으로 정착된 것은 17, 8세기로 추정된다.

'판소리의 문학 장르'에 대한 견해는 분분하다. 내용이 극적 요소가 많고 그 체제가 소설보다는 희곡적이고 그 문체가 산문체가 아니고 詩歌體라는 점에서 '戱曲'으로 보는가 하면, 사설만을 본질적으로 볼 때에는 '小說'일 수밖에 없다고 단정짓기도 한다. 그러나 이야기를 노래로 부르기 때문에 서사민요, 서사무가와 함께 '口碑敍事詩'로 분류하기도 한다. 희곡과는 달리 대화와 동작 그 자체만으로 작품을 이끌어갈 수 없다는 점, 연극과 가요의 중간 형태라는 점, '희곡적인 口碑律文'이라 요약할 수 있는 여러 특징이 古典小說과는 사뭇 다르다는 점 등이 그것이다.

그렇다면 '판소리'는 밋밋하게 사설만 읽는 멀건이 讀者에겐 소설이요, 창자와 고수의 연극을 물끄러미 바라보는 아둔패기 聽, 觀衆에겐 희곡이요, 어우러져 울고 웃으며 추임새를 넣으며 그 내용을 적극 수용하고 행동으로 옮기는 이 시대의 賢者에겐 한 줄기 '詩'가 아닐까?

졸작이지만, 이 작품들이 꼭 우리 모두의 '詩'가 되길 바란다. 왜냐하면 지금 내 살고 있는 江과 여자만, 순천만에 묻혀버린 사연들이 너무 아프고 억울하기 때문이다.

2011년 전남 순천만에서 양해열

차례

1부

판소리 詩
영산수궁가榮山水宮歌

* 판소리는 창(노래)과 아니리(말)의 교체 반복 구조이다. 창에는 장단이 있어, 진양조 중모리 중중모리 자진모리 휘모리 엇모리 엇중모리 등의 기본 장단과 변형 장단이 있다. 성음과 목의 종류로는 통성 천성 수리성 세성 항성 비성 파성 발발성 천구성 귀곡성 생목 속목 겉목 떡목 노랑목 마른목 굳은목 눅은목 된목 넓은목 등과, 아귀성 푸는목 감는목 찍는목 떼는목 마는목 방울목 끊는목 엮는목 다는목 깎는목 짜는목 파는목 흩는목 조으는목 너는목 줍는목 튀는목 뽑스린목 엎는목 젖힌목 등이 있다.

어떤 목 어떤 장단을 택하든지 이제부터 당신은 천하 명창이다.

판소리 詩

영산수궁가榮山水宮歌

달나라 4대강 만들기 사업이 한창이던
2030년 경술년庚戌年 초봄이라,
한반도 남해에서는 노랑가오리가 옥새를 쥐었것다
문무백관 좌청룡 우백호로 늘어앉히고 사나흘 축하연을 베풀 적에 홍어삼합 탁배기에 취한 가오리 왕, 간肝이 부을 대로 부어 퀴퀴한 속셈을 만천하에 드러내고 말았으니 허허, 바다가 돈짝만 했것구나 흑산도 면장 도시락 반찬 통만 했것구나
허여 내 오늘, 밸이 꼴릴 대로 꼴려 딱 뒈질 맛이라,
이놈 이야기 하나 힘껏 시위 당겨 푸른 하늘에 쏠 터이니 두고두고 잘 주워섬기랐다

앗싸! 같잖은 가오리 좆이 두 개라더니

볼그족족한 볼 때깔 좌중으로 뿜으며
콩팔칠팔 뛴다
혓바닥 뿌리째 떽떽, 뻘바닥에 내뱉으며
꼴에 꼴값을 떤다 들어볼작시면,

딱 뒈져야 곰삭은 젓갈로 입 보시布施라도 하지
좁은 속창아리 어디에 쓸까
전왕前王 밴댕이는 일등병으로 강등시켜
남태평양 무인도로 유배를 보내랐다!
수십 년 색깔 시비 끝에 용왕님 보우하사
다시 황색바람이 불어
내 어찌어찌 행감들고 옥좌에 앉았으나
홍어로 불리지 못한 것, 평생의 한이로다
비늘 없는 물고기 가문의 장손, 홍어 과科 일당은
그림자까지 깡그리 잡아들이랐다!
흑산도 앞바다 대륙붕에 도수導水터널을 빵! 빵! 뚫어
구백구십구 칸 수궁水宮을 뻔나게 새로 짓고
홍와대洪瓦臺라 부르랐다!

행투가지 사납고 목소리만 컸지

간재미와 사촌지간인 노랑가오리,
제깟 놈은 뭐 황금비늘 붙였을까
똑 이렇게 놀아난다

슈퍼주니어 시크릿 소녀시대 티아라
원더걸스 2PM 동방신기 포미닛
'추억의 0010' 사오십 대 가수들아
힙합 춤에 랩 댄스, 대수로를 찬양하라
아흐, 술이 술 처먹고 살이 술 빨아먹고!
비틀즈 랩이라냐 서태지 판소리라냐
해금 대금 장단에 비보이B-boy 브레이크 댄스
주지육림 잔칫상을 골골이 타고 돌아
진쥐새끼 알 낳았나 쇠양치가 새끼 뱄나
이놈 저놈 엮어 끼고 사운사운 쏘삭쏘삭
네 요년은 화용월태 저기 저년 경국지색
질크덩한 수로 밑에 장감장감 꽃 패로다
이 술판 개판이요 저 술판 공사판이니
어물전 꼴뚜기 망신살은 졸도 아니구나

허나, 비윗살 맞추느라 명 받잡고

반염불장단에 부산떨며 깝신거리는 관료대신
한둘이 아니었으니
얼씨구나 제15공화국
'뻔할 뻔' 자字 하나로다

감불생심敢不生心,
곤鯤을 꿈꿨을라나 붕鵬을 탐했을라나
구만리장천 휘어잡을 욕심만 들어차서
뱃가죽이 노랗게 물들었을라나
노랑가오리 왕 하룻날은
사관史官 대령하라! 이르노니
바위굴 속 문어文魚대감, 부랴부랴 지필묵 챙겨 들고
쓩-, 먹물 뿜으며 잠수정 어뢰처럼 날아와
희불그레한 낯짝 들이밀며
소신 대령이오,
찔꺽눈 내리깔고 여덟 다리 국화꽃 발굽 딛고
대가리 번들번들 은빛으로 알현할 제

방가방가 장어공章魚公 싸게싸게 오시게나
다른 것이 아닌 게 아니고 또 아니라

껄쩍지근한 수중권력사水中勸力史를 태곳적부터
다시 기록하고 싶으이. 기왕 쓰는 김에
노랑가오리 이 몸을 007 제임스 본드처럼
때깔 나고 명줄 길게 연출해주시게나 으흠!
(엄지와 검지 끝을 맞대어 동그랗게 말고, 중지 약지 계지는 쭉 펴서 흔들며)

보시게,
이건 삼지창이 아니로세
수탁 볏을 단 오리머리는 더더욱 아니로세
뻥 뚫린 이 구멍, 잘 들여다보시게나
내 훗날
쩐錢-, 소리 나게 한턱 야무지게 쏠 것이로세
아, 역사라는 것 말이시 그거,
승자 주연의 시나리오 아니던가!

가오리 왕, 요렇게 은근짜 반 공갈 반
치신사납게 껄떡거리니
가방 줄 긴 문어라고 뾰족한 수 있었겄나
듣거지난부자 애옥한 내 신세여,

다리몽댕이 잘근잘근 씹으며 써보는 수박에
별 도리 있었것나
시방부터 그 초록抄錄 한번 쭈욱 훑어보것다

바다가 옥황상제 큰 공주 맑고 깨끗한 눈물로 채워졌던 아주 먼 옛날에는, 바닷물이 짜지 않아 메기가 수중지왕水中之王이었으니
(바다생물의 외형적 특성을 결정짓는데 지대한 공을 세우신 초대 왕이신지라 이바구가 길어서 중중모리로 가보는디)

천년 묵은 메기 나온다 프린스턴 철학박사
미스터리Mystery 미스터Mr, 리Lee 수염 꼬며 나온다
새우난초꽃 피는 4월 한라산만 한 몸뚱어리
수궁 밖으로 나오면 밀물이요 가슴 철렁
수궁 안으로 기어들면 썰물이요 배가 쏠쏠
숨만 쉬어도 파도치고 날뛰면 해일 일고
각하 시원허시겄습다, 아부하면 떼논당상
예예 지당허십니다, 꼬리 치면 지당장관
부정선거 반대하면 마구마구 줘 패는구나

왼손에 얻어터진 광어 눈깔 오른짝으로
오른손에 쌔려 맞은 도다리 눈 왼짝으로
오징어 고록 눈알 빠져 꽁무니에 처박히고
협심증 걸린 짱뚱어 눈이 툭 불거지고
실어증 든 뱅어 족속 조동아리 줄어들고
오장五臟 놀란 대구 아귀 입이 쫙 찢기고
어족들 이목구비 제멋대로 리모델링!
못 살겠다 바꿔보자 물갈이를 시켜보자
4 · 19 소금맷돌 대동단결 돌려대니
바닷물은 짠물 되고 사사오입 메기왕은
주둥이가 덜렁덜렁 삼투압이 안 맞구나!
장달봉사 귀머거리 열두 해 만에 하야성명
국~민이 원~한다면? 국민이 원하니까!
망명을 떠났것다 하와이로 빠이빠이

허나, 이때부터 물맛이 간조름 짭짤해진 바다에선
물고 물리는 정권 다툼이 끊이지 않았으니
아이고 머리야 곳곳이 암초로다
(고수鼓手야, 몸서리나는 과거사, 이제 그만 청산해버리자 잦게 몰아 자진모리로 가자구나)

춘삼월 땅바닥에서 '2자'를 들고나 보니 주둥이로 망한 꽁치로다 군발이 상어 떼가 무서워 이 짓거리 못해먹겠소 나 그만둘라요, 보선 치르시오!

비껴라! 칠성상어 납신다! 대장大將 별 네 개에 오일륙 별 하나, 3선 개헌 별 하나, 유신維新 별 하나. 허나, 까치복어 독침이 설마 날 쏠 줄이야 예전엔 미처 몰랐스모니닷!

오발(五足)이 별인가 가을단풍잎인가 네 번째 불가사리 왕. 한 일도 없이 한마디 말도 없이 여덟 달 만에 추풍낙엽, 종신토록 국민혈세 연금만 축냈구나!

짠짠짠—, 5월 낙지대감! '미당未堂'은 '말당末堂', '사관士官과 신사紳士'는 '토관土官과 신토紳土' 이렇게 읽은들 어떠하리 저렇게 읽은들 어떠하리 쩐이 장땡! 본인은 전 재산이 이십구만 칠천 원! 아름다운 노인에 생활보호대상자요!

요런 복 또 있겠남 피뿔고둥 껍데기 속에서 뻘밭으로 나와 보니 양놈 지갑이 떨어져 있네예 믿어주세요 나, 신信쭈구미 잘 할 기라예. 믿긴 뭘 믿어! 물, 물, 물타령 좋을시고!

멸치 왕 뽀르르 새벽닭 모가지 비틀고 나와서는, 나라 갱제 이기 말이 아입니더, 빈 깡통 뚜드리며 내 배 째이소, I am F, 나는 낙제落帝라예!

설거지 왕 홍어 선생님. '납치체포사형망명' '팔자八字' 깨나 드사납더니 민물로 바닷물로 평양으로 스톡홀름으로 왔다리! 갔다리! 홍, 자字 돌림 아들 단속 바빠서 못했구나!

주름진 껍질 속에 참새를 키웠나니, 한때는 봉황으로 날았나니, 아홉 번째 새조개 왕. 부엉이바위 위로 청천으로 훨훨, 더 말해 무엇하리요.

다음은 누가 왕 노릇을 할까 궁금했는디
역시 덩치 큰 흰긴수염고래랐다

(자자 고수야, 꼬나보는 눈깔이 많구나 확 줄여서 휘모리로 몰아치자)

권력이 넘어간다 앵앵 울며 넘어간다
한 쪽씩 넘어간다 끙끙 앓고 넘어간다
두 쪽씩도 넘어간다 어홍어홍 울부짖다 넘어간다
10대 고래 왕 뒤를 이어
나 보리새우요,
내는예 깝작도요라 카는데예,
나가 농어유~,
내사 해파리입서예,
지가 밴댕이라요,

줄지어 넘어간다 굽이굽이 넘어간다
고비고비 넘어간다 가다가 엎어져 거꾸로도 간다
두어 바퀴 돌아서도 간다 토플러 예언대로 간다
권불십년으로 간다 화무십일홍으로 간다
좀팽이도 가고 물퉁이도 가고 깍짓동도 가고
꺼병이 꺼병이 어정잡이 옹망추니도 간다
좋구나 이놈의 권력이야 어데 갔다 이제 오나

온몸으로 오거라 후딱후딱 오너라 남실남실 오거라
두툼하게 오너라 좌충우돌 왼손 오른손으로 오거라
앞뒤 위아래 따지지 말고 부리나케 오너라
살집이 털렁 잡아먹기 좋게 오거라
삶고 데치고 찌고 회 치고 탕탕 뚜드려 쪼수고
박박 찢고 푹 고아서 낮에는 삽으로 퍼먹고
밤에는 칼로 발라 먹고 바람 불면 이빨로 뜯어 먹고
모자라면 여그저그 뒤져 먹고 훔쳐 먹고
홀려 먹고 뺏어 먹고 긁어도 먹고
아구창아 째지거라 배때기야 터지거라
꾸역꾸역 처먹을 테다

(아따, 박수 좀 쳐보씨요들. 막힌 혈이 풀려 정력이 좋아진당께요 내사 모가지가 찢어질 것 같구만은! 혓바닥은 팔랑팔랑 가슴은 두 근 반 서 근 반, 그랴도 뒷골 하나는 싸늘허요. 이제 가오리 현왕現王편 몇 줄만 읽어보고 넘어갑시다요잉)

오늘날 위대하신 노랑가오리 대왕께서는
아시아통일을 주도하셨으며
사라진 명왕성을 다시 찾아내셨으며

화성에 수영장 딸린 별장을 지으시고
신수궁新水宮 건설 5개년 계획을 수립하시고……
(아, 웃들 마쇼 말줄임표는 현재진행형인께 조깐 기둘
려보씨요잉,)

문어 대감 일필휘지로 짠—, 갈겨쓰고는
자산어보 서문 끄트머리는 읽었는지
수윤修潤, 이라 말 남기고
대가리 쫀지쫀지 조아릴 적에
가오리 왕, 흡족허여 허허허 파안대소
그려, 그려, 잘 갈고 닦았네 내친김에 자네
홍와대 공보수석 맡으시게나,

아이고 이게 웬 떡이냐,
문어 대감 홀짝꿍 그 소리 반겨
마마, 성은이 하해와 같나이다!
명明 태조 주원장 '문자의 옥獄'도 잊었는지
감히 어느 대가리 앞이라고
머리 광光에 안광眼光까지 백 촉으로 켜고
옴방톰방 달빛 속을 헤엄치더란다

이 소식 전해들은 흑산도 앞바다 시인촌詩人村에 사는
권력 무지렁이 어족들
허허, 가련한 세상이로고. 저런 필력이 밥줄도 되다니!
모싯빛 한숨 소리, 소월素月 목월木月
귀까지 들리더란다

허나, 만화방창 좋은 날도 다직해야 몇 조금
말짱 황, 도로아미타불이 되고 말았으니
이 어인 일이냐!

하룻날은 아침 밥상머리에서 가오리 왕,
빈 숟가락 딸그락딸그락
고개를 자웃자웃,
옆에 앉은 가신들도 눈치 보느라
가두리에 달라붙은 학꽁치 떼나 쫓듯
빈 젓가락질만 휘휘,
처먹고 뒈진 귀신 때깔도 좋다는디
밥맛에 입맛 한번 영 잡쳤것다

이때 눈치 빠른 정보실장 썩어도 준치, 썩 나서서
몸속 잔가시 안테나 쭈뼛쭈뼛 세우며 여짭기를
전하, 구곡간장이 불편허시나이까?

가오리 왕 답하기를,
당최 잠 못 들고 미역귀때기 비틀다가
새벽녘이 되어서야 깜빡,
그 틈에도 꿈 한 토막 꾸었는디
요상허구나 찝질허구나 이를 테니 들어봐라,

어느 강가에 살찌고 이쁜 누렁 암소 네 마리가 풀을 뜯고 있었는디, 빼빼 마르고 흉악하게 생긴 네 마리 황소가 뒤에 나타나서는 입을 쩌억 벌려 냅다 삼켜버리지 뭐냐. 그러더니, 밀대 하나에 파릇파릇 네 이삭이 패고, 샛바람에 바짝 마른 이삭 네 개가 뒤따라 패더니 또 그렇게 삼켜버리지 뭐냐……

가오리 왕 말이 끝나자
해몽하는 대신들로 밥상머리가 술렁술렁,
입 달린 놈마다 한마디씩 씨부렁대는디

히히, 성인무몽聖人無夢 옛말이구마,
아따, 나무 주걱이 쇠 주걱 될깝시 그랑가,
아 금메, 마리에 만 원짜리 노랑가오리가 킬로Kg 십만 원 넘어가는 흑산도 홍어 될상부른가,
뭐시기냐, 지구 최고의 베스트셀러 성경책에 나오는 창세기 41장이랑 어찌 비슷꼬롬 안 헌가?
옘병에 초를 치고 자빠졌네 글쎄, 마릿수가 틀리잖여 일곱 마리하고 네 마리하고 똑 같으냐고!
맞아부러, 한두 끗도 아니고 서 끗 차이여! 짓고땡 귀신도 못해봐…… 어찌 자네는 자꾸, 쪼다 같은 사람을 닮아가는가!

그때여 총리 거북 대궁지 불쑥,
대뜸 나서서 말 한 쌈지 뱉는디
똑 요러더니란다
마, 꺽정 마이소 내 들어본께네 개꿈이라예!

이 말 들은 가오리 왕 주댕이가 뛔뛔해갖고
예끼 썩을 놈! 화를 버럭,

가시 돋친 긴 꼬리로 맘빡을 꽝,
아나 군밤!
해남 대흥사로 가서 마르고 닳도록 사리탑이나 짊어져라!

앗 뜨거―!
뙤얏뙤얏 남붕난 대감지 쏙,
갑골문자 방패삼아 거북이 물러나서는
용의 큰아들 비희贔屭가 되어
지금도 돌비석 아래 귀부龜趺로 산다나 어쩐다나.

이러는 참에, 쫀지쫀지 말 틈새 엿보던 경제부총리 도미渡美
절호의 기회구나 싶어 이쁜 볼따구를 놀려 언구럭을 떠는디,
마, 부자 될 낍니더
노랑가오리도 누를 황,
소 네 마리에 마른 이삭 넷도 누를 황,
모두 금金 아입니꺼 금,
대권 잡고 금의환향에 골드Gold 꿈까지 꾸셨으니

우리나라도 G4!

그때서야 가오리 왕 마음이 느즈러져
상하좌우 날갯죽지를 쭉 펴고
아, 해몽 한번 좋구나
제국에 간신도 충신도 필요한 이유를 이제야 알겠구나,
지포— 지포—,
한숨을 내쉬었것다

그런디 눈치라고는 잔생이도 없는
과학기술부 장관 말짱 도루묵,
수금지화목토천해명 우주바다를 싸질러다니다가
멍사도 모르고 이 판에 끼어들어서는

다 헛말이고요,
암소도 넷 이삭도 넷, 이는 곧 사사邪事
사고치지 말라는 예시올시다
낱낱이 들춰볼작시면

화상경마 화상경정에 F1 승률조작하기, 인공위성 입찰

짜고 치기, 로봇 시켜서 부잣집 돈 뜯어내기, 처갓집 부동산이 있는 위성개발하기, 토성 천왕성 아파트 부지와 4대강 유역 인공공원 부지에 알박기, 수성에 대운하건설하기, 달나라개발주식회사 주가조작하기, 말 안 듣는 놈 불법사찰하기, KMS 방송국 내 맘대로 장악하기, 형님 시켜서 우주의원 공천헌금 받기, 친구 시켜서 당비 대납하기, 발가락에 다이아몬드반지 끼고 우주비행장 통관하기, 미운 놈 표적수사하기, 이쁜 놈 대포 폰 지급하기, BBQ튀김통닭 먹고 생 오리발 내밀기, 일가친척 사돈네 팔촌 동기동창들 잘 먹여 살리기, 구제역 조류독감 백신 늦장 지급하기……

이런 사사로운 일만 요령껏 처리하시면 될 듯……,

(그런디 주위가 쥐 죽은 듯 조용허것다? 뭔 일이여?)

말짱 도루묵 말을 끊고 흘게눈으로 좌우를 둘러보니
으악, 등짝 벌리고 접시에 엎드려 있던
바다가재마저도 눈깔을 까제끼고 째려보지 않것는가
에고고 지느러미야 날 살려라,
은하수까지 삼십육계를 놓더라

바로 그때여,
백내장白內障을 앓고 있나
황내장에 걸렸나 악사 숭어,
눈알 부비며 식탁보 들추고 나와
거무죽죽한 등, 흰 배때기로
도레미 미솔파 파라솔 솔파미
피아노건반처럼 방방 뛰더니

아뢰옵나니 소신은
민물과 바닷물을 오가며 살 수 있는 몸,
남한의 강들을 두루 다녀보았는뎁쇼
샛강은 너무 많아 셀 수도 없고 큰 강만도 네 갠뎁쇼
산업폐수 생활폐수에 구제역 매몰 가축 침출수
모두 썩어 들어가 오염이 이만저만 아닌뎁쇼
낙동 영산 금강은 하굿둑에 가로막혀
드나들 수조차 없을 뿐만 아니라
갯바다까지 자근자근 죽어가고 있는뎁쇼
전하 꾸신 꿈 중에 강가의 소 네 마리와 이삭 네 개는
곧, 4대강이 아닐깝쇼

예로부터 강은 젖줄이요 문명이니
죽은 강을 다시 살리라는 옥황상제의 계시가 분명합죠
속 좁은 전왕 밴댕이,
비록 보복정치에 급급했지만
집권하자마자 새만금방조제를 터서
여러 갯벌 족으로부터 큰 호응을 얻었고……

허나, 말이 채 끝나기도 전에 가오리 왕
섰이 일어 꼬리사래를 치며,
깽비리 고깟 밴댕이 놈을 왜 또 들먹거리느뇨
금테 두른 반소경 이놈의 개숭어야
뗏발에 올라 당구리 맛을 보아야 정신을 차리겠느냐
눈꺼풀에 낀 비게나 떼고 지껄이거라
여봐라! 저 썩을 놈을 당장 옥에 가두어라!
(이 말을 뻐꾸기 알 품고 있던 직박구리가 듣고는 피디 수첩에 써놓기를,
내 집에 니 새끼, 내지베니새끼, 내지베니시끼,
무장무장 커가는 '문자의 옥獄'이로다. 홍무제洪武帝의 '광光 독禿 승僧 생生 적賊 칙則'에 어느 날은 '적赤 좌左 서鼠'가 들어가더니 드디어 밴댕이 '밴' 자까지 갇혔구나.

눈치 없이 썼다가는 바로 뒈질 글자가 갈수록 많아지니 장차 살아남을 시인이 없겠구나.)

허지만 묘해라 노랑가오리 왕,
밴댕이 귀신이 붙었는지 한조금 귀신에 씌었는지
그날부터 머릿속에 뻘물이 일고
도통 잠이 오질 않더란다

'2025년 4월 27일 전라도 군산 부안에서는 대형 국책사업 기공식이 열렸다…… 새만금 둑 헐기 기공식! 서울 면적의 3분의 2, 여의도 크기의 140배에 달하는 간척지와 담수호를 거느리던 한 마리 괴물 같았던 둑…… 네덜란드 쥬다찌 방조제(32.5Km)보다 길어 기네스북에도 등재되었던 길이 33.9km의 세계 최장 방조제가 갯벌 복원 프로젝트에 따라 완공 15년만에 헐리게 되었으니……' (2025년 4월 28일자 신문 1면 기사)

귀 밝은 숭어 말이
귓속에 동동촉촉 잔돌로 박혀 와
어느 날은 이석耳石이 되고 수평감각을 깨우더란다

삶터 잃고 사라져간 갯벌 식구들 원혼이
써걱써걱 눈에 밟혀오더니
눈알을 딛고 우꾼우꾼 다시 일어서더란다

아, 비싼 값 치른
추억 속의 둑이 되고 말았구나,
비서실장 썩 들라!
새만금이 사정을 조곤조곤 읊어봐라,

그리허여 물범 실장
낮은 포복으로 기어 나와 한 곡조 뽑는 것인디,

소신 덩치만 허벌나게 컸지 참으로 무식허여
네 글자 이루어진 속내를 잘 모르오니
바로 육담肉談으로 아뢰리오,

옛날부터 전라도는 산이 높고 물이 맑고
바람 좋고 기름져서 살기 좋은 땅이렸다
그뿐인가 즈런즈런 바다가 꼭 껴안으니
시시때때 좆이 불끈 성질머리 화끈화끈

그중에서도 서해안 고군산반도 큰 터를 잡은
'갯' 씨 성의 오입쟁이 뭐 큰놈이 있었나니
동진아씨 만경아씨 본처로 맞이하고
나긋나긋 천하영계 금강처녀 애첩 삼으니
너르통통 꽃 방뎅이 보들보들 폭신폭신
개흙이 강물을 올라타서 넘놀면서 어르는디
이(齒)가 없어 못 처먹고 흑 흐르릉 힉 히리링
가는 허리 후려쳐서 듬쑥 안고 지직 아드득
귓불 쪽쪽 입술 쭉쭉 몱헌 혀를 깨물면서
엎어놓고 꿀렁꿀렁 주무르며 으릉으릉
물젖 쥐고 발발 콕콕 명주속곳 확 벗기고
불두덩뼈 질끈질끈 눌러대고 돌려대니
구멍구멍 공알공알 불거지고 자지러진다
찰떡궁합 갯땅일세 낯빛이 검붉조름
구슬땀이 송글송글 자, 퍼질러 앉자구나
1억2천만 평이 온통 내 새끼들 놀이터다
일가친척 구멍동서 아닌 놈 하나도 없구나
쌔빠지게 일하고 주렁주렁 퍼질러 까고
온몸 바쳐 남김없이 보시布施하니 방방곡곡
'갯벌' 맛 안 본 집구석 한 곳이 없어라

둥기당당 보배로세 뻘바닥의 보패寶貝로세

그렇지만, 미련퉁이 벅수 찌질이 도회짓것들이
갯벌의 참맛을 알 리 만무하니 내친김에
빠른 박자로 가보것소,

이 내 입을 쳐다보소 귓구멍을 열어보소
망종 인간 쏟은 폐수 묵묵히 맞아 안고
쥐똥 개똥 소똥 말똥 젤 더러운 사람똥물
뙈작뙈작 걸러내고 훌렁훌렁 독소 빼니
바닷물로 웃고 가네 다시 와선 소곤소곤
플랑크톤 미생물아 너 없으면 다 죽는다
먹이사슬 목숨사슬 바다 입들 꿀꺽꿀꺽
어류패류 속살 차서 동당동당 뛰고 노네
꼴뚜기 낙지 번들번들, 농게 꽃게 찔끔찔끔
망둥어 짱뚱어 폴짝폴짝 뻘밭 위를 날아보라
파래 미역 톳 다시마 네 마음껏 푸르거라
해삼 전복 멍게 성게 개불 꼬막 삿갓조개
석화 홍합 비단고둥 파도놀이 첨벙첨벙
철새 잡새 짝을 지어 새끗새끗 날아든다

딱 나와라! 페로몬아! 피부미인 살맛나게!
갯벌보다 값진 보물 이 세상에 또 있을까

미국 영국 덴마크 새까만 후진국들도 갯벌보호 갯벌복원 앞 다퉈 부르짖고, 하다못해 물 밑의 나라 네덜란드도 압수루이트 제방 헐어내고 '역간척逆干拓'을 하는 판국에, 갯벌의 바지락 한 개가 하루에 바닷물 한 말 씻어내는 것도 모르는 시러베아들놈들이 연달아 개지랄을 떨었던 것인디,

멀쩡한 허파에 말뚝 박고 방조제 쌓고 갯벌을 퍼내더니
인공도시 '아리울' 깃발축제 열어가며 죽을 짓을 하더구나
벌좋구나 녹색도시! 공장이 가득가득 오폐수가 그득그득!
시화호야 비꼈거라! 새만금 담수호는 5급수로 썩어간다!
강물이 죽어가니 바닷물도 죽어가고 백합 조개 간데없고
재두루미 온 곳 없다! 칠산어장 앵월굴비 사라진 옛말

이요
심포 문포 포구마다 겨울이면 꽁꽁 얼어 고깃배 발 묶이고
소금바람 불어 닥친 만경김제 너른 평야, 소금사막 되었구나
갯벌 아니면 홍수 태풍을 누가 막나 온도 습도 누가 먹나
변산 태안 해마다 찾아오던 관광객들 타국으로 발 돌린다
3조원 들인 공사 유지비가 십 수조 원, 국민혈세 아깝고나
살아도 못 살겠다 모두가 망했구나 어족들 우루루 달려들어
2025년이렸다! 준공 15년 만에 방조제를 확, 뜯어내니
죽뻘이 갯벌 되어 만금이가 살았구나 숨통이 트였구나!

과연 명창 물범이로고.
처음으로 몸피 값 제대로 하는구나,
거 뭐시냐, 다큐멘터리 '아마존의 눈물' 보다 훨씬 감동적이여,

새만금이타령 한 곡조 들은 가오리 왕
이렇게 감읍에 감읍을 허였것다
허나 지나치면 눈물도 독이 되는 법
저도 몰래 사흘 밤낮 허파와 간肝을 쥐어뜯다보니
조막땡이만한 그놈의 간,
한 냥 서 푼어치도 채 안 남더라

엎친 데 덮친다고
괘씸한 밴댕이 전왕 치적은
왜 그리 밤낮으로 아삼삼 화투짝처럼 떠오르는지
어느 날엔 대륙붕 화산처럼 분통머리가 터지고
수챗구멍에 실지렁이 떼 발발거리듯 허파꽈리가 꼬이더니
장끼 벼슬만 해진 간도
다글다글 끓고 말았것다

에고야 요러다간 곧 뒈지것구나
노랑가오리 숟가락 놓을 날 머지않았구나,
여봐라 차사差使 두견이야 너,
그리스에 바삐 다녀와야겠다!

아니 2010년 남아공 월드컵 본선리그에서
정수 지성이가 한 골씩 앵겨주었던
발칸 반도 남쪽 끝 '희랍希臘' 말씀이옵니까?

맞다 말다—,
말 좀 작작 씹혀라 썩을 놈아……
휴—,
어떤 놈이 요즘 내 간을 야금야금 갉아먹는 바람에
네 눈곱만큼이나 남았느니라
카우카소스 산에 가서 쇠사슬에 묶여 있는
프로메테우스, 간을 좀 사오니라
그 프로의 것은 떼어내도 무장 자라난다허니
좀 좋으랴!
가기는 까마귀란 놈이 가야 맞지만
전번 토깽이 간 빼어오기 작전을
그 호랭이 물어갈 놈이 막판에 조져놓지 않았더냐!
부리나케 댕겨오니라!

허나, 불여귀不如歸라

두견이는 함흥차사咸興差使
지리산 포수가 되었는지 포수에게 잡혔는지
서너 달째 감감무소식!
경부고속도로 휴게소 화장실을 뒤져봐도
그놈의 가오리 간은 없더라!

사정이 이러허니 수중팔도에 난리 아닌 난리가 났것다
기고 난다는 생명공학 박사들 의사들 울레줄레 모여들어
게놈지도를 펼쳐놓고
줄기세포를 복제허느니
자라표 탈부착 식式 간을 제작허느니
아바타를 만들어 달나라로 보내느니 설왕설래허였으나
H 박사님 없이는 모두 헛일!
그랴도 구의가 명의라고
내과전문의 오징어 특진교수가 진맥을 허더니

전하, 전하의 혈액형 참으로 희괴하여
A부터 Z까지 알파벳이 일렬로 섰나이다!
어쩜 그리 하이에나 피와 똑 같나이까?

아이고 딱 뒈지것다 무슨 방도 없겠느냐?

가오리 왕, 숨이 꺼뻑 넘어가 나자빠져서는
초음파에 CT, MRI 박고
눈불 끄고 깔딱깔딱 수술침대에 누워
배때기에 엑스와이 좌표, 묘한 십자가를 안고
로봇 사이버나이프Cyber-Knife로
혈관조영술血管照影術 받았것다

그러던 날 중에 백중사리 달밤에
수궁 영빈관 앞 갯벌이 시끌사끌,
아닌 밤중에 홍두깨라더니 이번엔 또 뭔 일이다냐,
오래 살긴 다 틀려먹었구나……

경호실장 전기가오리 찌르찔찔 날아와 고하길,
전하 큰일 났습니다요
입궁금지 된 자들이 무단침입하여……,

썩을 놈아, 듣기 좋은 우리말로 씨부렁거려라
사자성어가 어디 만만한 홍어 좆이라드냐
먹물 안 든 네 맛대로
알아서 졸졸졸졸 일렬종대로 선다드냐

딱 전기고문에나 쓰일 놈이로고.
게 누구 없느냐
홍어애 보릿잎국 한 중발 냉큼 내오니라!
구공九孔이 다 막혔는지 깝깝해 뒈질 것만 같다,
띠앗머리 없는 가오리 왕
요번엔 몸소 나서는디

척 봐도 우두머리는 홍달이(紅點) 배도라치
떡 봐도 빨간 점 박힌 '좌빨'이렸다
보통내기는 아니것구나,
위아래를 훑어보는디

아닌 게 아니라
번갯불에 콩 볶아먹을 성질머리, 저놈의 배도라치
다짜고짜 악다구니 패맡으며
한 판 뜬다

우리넌이라 전라도 따블백인디요
원조 조폭 손암파巽庵波여라
아조 살기 폭폭혀서 성지순례 삼아

담양 광주 나주 영산포 찍고
영암 무안 쓸고 목포 신안 흑산도 휘젓고
우르르 달벼왔는디요 오늘은,
모조리 남빙해로 귀양을 보내던지
영산강을 살려내던지 싸게싸게
양자택일허시씨요,

가슴이 철커덩 내려앉은 가오리 왕,
그랴도 기죽는 것은 싫어
제 뺨 꼬집고 포도시 정신을 챙기더니,
어허이, 전라도 깽깽이 아니랄까봐
떽떽거리느냐 떽떽거리길!
콧구멍 쉑쉑, 쌍 고동 불며
투닥투닥, 맞장을 떴겄다

이런 와중에 다투는 그 소리, 저들 부르는 줄 알고
줄줄이 몰려오는 한 무리가 있었으니
은어 연어 웅어 뱀장어,
민물로 바닷물로 왔다리갔다리 이중생활에 능한 자들
이라

남포진南浦鎭 옛 기억을 되살려
영산강의 심정을 전하는디
가만 들어볼작시면

남한의 4대강 중에
한강 금강 낙동강은 길이가 4, 5백㎞ 유장하지만
이 몸은 고작해야 136㎞,
섬진강보다 이백 리나 짧고
높은 산봉우리 하나 품지도 못했는데
어찌 큰 강 대접 받았을깝쇼
이 몸 수수만 년 말없이 흘렀으나
결코 아래로 흐르지만은 않았습죠
바다 밀물을 타고 내 몸 함께 밀어 올려
명산장어 몽탄숭어 미암낙지 키우고
고려 해룡창 장흥창 조선 수군처치사영 군선 띄워 외적 막고
목포항 열려 중선배 뜰 땐 한가득 곡식 바닷고기 싣고
자구리 뒤구지 북석포 사포 삼포 중포 터진목 구진포
깊은 산골을 바다로 열었습죠
지금은 비록 하굿둑에 갇혀 골골이 썩어가고 있지만

넓은 바다를 다시 만나 역류逆流를 꿈꿀 '통문通門'을
한시도 잊은 적이 없습죠,

요렇코롬 조단조단 말을 이어가자 옆에 있던
성질 급한 문절구 패밀리 동당동당 볼가져서는
와따! 솔찬히 고상해부요이, 가슴이 물 먹은 소캐 같구
먼은!
홀딱홀딱 뛰면서 양잿물을 빼는 것인디
워따, 제 몸 뚜다리는 난타 쇼
기가 막히는구나

뛴다 뛴다 뛴다
따라 뛰지 않고 지가 먼저 뛴다
허파로 숨을 쉬고 지느러미로 뻘밭 위를 날다가
낚싯바늘에 옆구리 꿰여 목이 짝둑! 잘려도
피 한 방울 흘리지 않는 행동대장 짱뚱어 뛴다
탄도어彈塗魚 풀망둑 총알처럼 뛰고
등짝에 복숭아꽃 불 싸지른 도화망둑 뛴다
색 바랜 예비군복 입은 무늬망둑,
죽어서야 하얘지는 사백어死白魚

비밀 없어 억울한 밀어가 뛴다
갈문망둑 검정망둑 민물두줄망둑
나도 뛰고 너도 뛴다
나도망둑 너도망둑 폴짝폴짝 뛴다
종대 횡대 줄 맞추며 뛴다
쓰러질 때까지 뛰고 뛰다가 갯바닥에 처박혀
대가리 불쑥 아가리 쫙,
메나리토리 울음을 운다 딱 이렇게 운다

아이고 영산강아
목포에서 영산포 이백리 길 오르내리던 바닷물 잊지는 않았는가
자연이 허락해서 신神도 거절 못한 생명의 물길!
1981년 12월 천인공노할 어느 날,
거대한 하굿둑이 주둥이를 가로막아 기수역은 민물로 채워졌네
논밭 몇 마지기에 농업용수 공업용수
몇 됫박 얻었는지는 몰라도
수질오염에 생태계파괴! 우리는 어찌 살라고!
엎친 데 덮친다더니 영암방조제 금호방조제

이중삼중으로 막고 또 막고!
발길 돌린 바닷물은 신안 다도해로 몰려가고
없던 담수호, 영산호가 생겨났네
몇몇 욕심 많은 인간들 쪽박만한 세상은
잠시 먹고 살만해졌을까 몰라도
강이 썩고 호수가 썩고 바다도 썩었네,
뿐이런가 2010년부터 4대강사업
모래톱 걷고 자갈 바위 소沼 습지를 긁어내니
여기저기 콘크리트 어항이요
승촌보 죽산보 놓아 물을 가두니
나주벌 왕곡 노안 승천 옥답, 물귀신 수영장이 되었네
아이고 못 살것다 무지막지한 인간들아
실핏줄이 죽었는데 젖줄이 살겠느냐
홍수가 지류에서 터지지 어디 본류에서 난다더냐
아이고, 썩어가는 돼지막창 같은 강아
살아도 못산다 이 내 영산강아—,

혀를 빼고 울부짖다가,

불쌍한 인간들아,

물길을 가장 아름답게 만드는 것은 물 스스로이지
토목학자도 정치인도 아닌 것을 왜 모르느냐,
말없이 흐르는 물에도 분명한 의식이 있고
정보를 전사하고 기억할 수 있는 초능력이 있는 것을
왜 간과하느냐,
하나뿐인 지구를 순환하다가 우리 몸을 거쳐
다시 넓은 세계로 나아가지 않느냐,
물이 기억하는 수많은 정보를 읽을 수만 있다면
제대로 기억할 수만 있다면
우리는 거대하고 위대한 또 한 편의
행복 드라마를 연출할 수 있을 텐데…… 꺼이, 꺼이……

목젖이 터지고 목울대가
갯바닥에 꾸역꾸역 쏟아지도록 우는 것이랬다

오호애재라, 그래 울어라
팡팡 울어라 지금 울어야 내일을 살 수 있느니라
하늘도 울상으로 검붉게 찢어졌다 붙기를 몇 번
온 뻘바닥이 눈물바다.
울고 울다가 눈구멍에 불이 확, 온 바다가 불바다.

문수 스님 가부좌 틀고 소신공양燒身供養
불새 되어 서산으로 날아가니
그 궤적 천지간에 어찌나 밝고 둥글던지
곤히 잠자던 어족들
아 해가 떴구나, 눈 비비고 일어나것다
이런 장관 또 있을까

용소 지석천 황룡강 담수어종 내려온다
오색치마 각시붕어 의적두목 꺽정이
야단맞은 퉁사리 구곡간장 드렁허리
형사나리 떴다 눈치 유전무죄 미꾸라지
참교육자 다슬기라 활 잘 쏘는 쏘가리다
탑 잘 쌓는 어름치요 물속 카멜레온 꺽지
짱돌 집었다 돌고기 유발상좌有髮上佐 버들매치
논두렁깡패 치리요 특급소방수 끄리여
망 잘 보는 가물치에 민물첩보원 밀자개
엉기엥게 기는 놈들 새 무동 타고 날아온다
나발 부는 소라에 무지개 품은 참전복
세상에서 가장 느린 킬러, 큰구슬우렁이
제주도 파병 말전복 둥근전복 오분자기

소뿔 매단 소라고둥 파랑새 감춘 성게요
썰물지면 입 다물고 밀물에 입 연다 홍합
무장공자 아녀 내게도 썩어가는 속이 있다
포크레인 모는 농게 고둥이냐 게냐, 집게
다리 매끈한 밤게 부엌에 산다 도둑게요
바닷고기 상륙작전이다 돛 올려라 양태야
노랑 볏단 황강달이 소총수 딱총새우요
세상은 넓고 할 일은 많다 접어鰈魚로다 넙치
소접 장접 우설접 금미접 박접 마구 펼치고
명천 사는 태 씨가 처음 잡았다 명태요
대가리 속에 참깨 서 되 전어, 오월 농어
유월 숭어, 바다의 폭군 돌돔, 미녀 참돔
농사짓는 보리멸 가짜 굴비 보구치
공중전 잘하는 날치 못 배긴다 아나고,

그때여 삼천리 방방곡곡 헤매던, 앞 못 보는 통영동이
아재비도 찾아와 새타령 한 곡조로 새 떼를 불러내는디

동그랑 땡 동그랑 땡 쿵쿵 울려라
꾀꼴꾀꼴 꾀꼬리란 놈, 노래를 잘하니 군악대로 가거라

홍콩카바레 제비란 놈은 사설을 잘하니 마이크를 쥐거라
황새란 놈, 모가지가 기니 월천군越川軍으로 돌리고
솔개란 놈은 눈치가 좋으니 보초군사로 숨어라
가왁가왁 까마귀 복색이 없으니 도감포수 제격이요
복색 좋은 장끼는 별군직이 마땅하다
따옥따옥 따오기, 나무를 잘 파니 목방편수 어떠냐
말 잘하는 앵무새는 연설쟁이로 나서고
명매기는 성품이 우악하니 화약고로 들거라
매는 정지비행을 잘하니 그 자리에 떠 있고
원앙새는 둘이 다니기 좋아하니 불침번을 서고
올빼미 놈, 밤눈이 밝으니 승야월장乘夜越牆하거라
짐새는 사람을 잘 죽이니 망나니가 천직이다
기러기는 편지를 잘 전하니 우편사령 맞구나
뒷부리도요는 피리를 잘 부니 나팔수로 서고
참새는 때때옷 입었으니 금군禁軍이 딱이로다
쇠백로는 매복을 잘하니 저격수가 어울린다
동구랑 테 동구랑 테 얼싸절싸 넘어간다
돌려라 돌려라 동굴동굴 세상을 돌려라

자원입대자들도 지금 모두 나오니라!

예으이—,

가랑이 확 찢어도 고액찍새 못 따라가자 과외 없는 나라로 이민 갔던 뱁새 돌아왔소,

예수님 살리려고 십자가에 박힌 못 빼다가 부리 끝이 비뚤어진 솔잣새 왔어라,

백옥처럼 하얀 얼굴에 황금색 스카프 두른 롱다리 쭉쭉 물꿩도 와부렀소,

바다의 고양이 괭이갈매기, 용마루 구멍에서 똥바람 내뿜는 후투티 왔슴메,

허허허허 히히히히 홀랑 벗고 자빠졌다 울음소리 고상한 검은등뻐꾸기 왔어유,

푸닥거리 잘해 무당새냐 씨앗 퍼뜨리기 잘해 딱새냐 이 몸도 왔구먼요,

스킨스쿠버 가마우지 도착했슴다,

뒤통수에 눈 달렸다 맷도요 왔어예,

시력이 1000이요 솔새도 왔구만이라,

딱딱딱 구멍파기 도사가 목탁도 잘 치는구나 딱따구리 왔시오,

눈에 레이더Radar 붙인 박쥐요,

그밖에 온갖 잡새가 훨훨,
K리그 갈밭 텃새들에
시베리아리그 해외파 철새들까지
줄줄이 날아왔것다

와따메 징허게도 퍼질러 낳았구나,
가오리 왕, 화들짝 놀라 뒤로 물러나는디 갑자기
하늘이 어둑어둑 눈앞이 캄캄,
공중에서 큰 새 한 마리
땅 덮칠 듯 내려와 군중 앞으로 위렁충창 걸어가
널찍한 삼살바위 위에 떡하니 가부좌 틀고 앉것다
가만 보자 이상하다,
발 하나는 매를 닮고 다른 하난 오리를 닮았구나,
누구더라, 누구더라,
쥐 잡을 땐 매 발톱으로 낚아채고
돈 먹고 들켰을 땐 오리발 쳐드는
어떤 놈을 닮았는디 누구다냐, 누구다냐,
갑오징어가 마른 한치 껍데기 위에 먹물로
약화略畵 몇 장 치는디,

민둥산 두둥실 보름달로 떴구나 대구리, 맨들맨들 그리고
째진 팔자로다 도챕이 눈, 도척도척 치고
돈 내 잘 맞는 두더지 코, 토목토목 그리고
천방지축 날뛰는 멧돼야지 주둥아리, 헐레벌떡 치고
임금님 귀 당나귀 귀, 너불너불 그리고
매파一派 발 하나에 레임덕 발 하나, 괴발개발 치고
철가방이냐 철밥통이냐 철갑상어 몸뚱어리, 떵떵 그려 붙이니
빵코에 두 귀는 털렁, 눈깔은 팔팔 육사,
허리는 도구통, 꽁뎅이는 뙤똥,
좌편 청산가리요 우편 녹물이라 녹수청산에
애굡은 서양등골나무 휘늘어진 탁류 속 들랑달랑
무랍도 못 처먹은 어느 연놈의 귀신이
또 선시공先施工 후설계後設計나 허였는지
요리 보면 검덕귀신, 저리 보면 해귀당신,
끌고 가면 채반상에, 밀치면 한상 가득 말고기자반이라
이놈, 아무리 보아도 밉상이로다
화중괴물畵中怪物 네 누구냐!
가오리 왕, 기절에 초풍을 더했것다

옆에 있던 내시內侍 물메기 냅나 소리치길,
한 놈은 수나라 양제煬帝요 다른 세 놈은
이놈 저놈에 그놈, 간 큰 도둑놈 일당이온데
썩어빠질 놈들이
손들고 제 발로 기어 나오지를 않소!

내 그럴 줄 알았다 영산강변 뱃모가지마다
그놈들 몽타주를 척척, 현상금을 걸어라!
보천지하 솔토지빈普天之下率土之濱 수악首惡으로 삼으리라!

아니요! 아니어라!
저 냥반은 그런 쩨쩨한 부류가 아니라
흑산도 어느 섬 집 흙벽에 붙어 있다가
난세에만 나타난다는 손암파의 살아 있는 전설
수조水鵰 어른이오!

그리하여 수조 어르신 오랜만에
영산강 물목 토론회 좌장座長으로 나서는디,
당아 멀었어 여그다가 육해공군 모조리 더하기를,

입방아 잘 찧고 낱셈 잘하는 참새 네가 해봐라,

예예, 보태기를

귀신고래 잠수함에서 내려
초음파 탐지기 돌고래 등에 올라탄
사령관 고등어高等魚 앞세우고
참우럭 개우럭 환도상어 곱상어 돔발상어 은상어 게상어 죽상어 복상어 톱상어 전자리상어 귀상어 괭이상어 잿방어 가다랑어 참다랑어 눈다랑어 황다랑어 병어 청어 싱어 능성어 달강어 망상어 임연수어 붕장어 먹장어 갯장어 감성돔 혹돔 독돔 뿔돔 옥돔 황옥돔 조피볼락 불볼락 쑤기미 눈퉁멸 샛멸 민전갱이 갈전갱이 쏨뱅이 날매퉁이 황매퉁이 대구 달고기 열기 삼세기 만새기 참조기 수조기 사랑놀래기 그물메기 아귀 참서대 개서대 용서대 박대 덕대 빨간횟대 까치횟대 성대 눈볼대 꽁지양태 도화양태 양미리 부시리 붉바리 까나리 네동가리 도도바리 찰가자미 용가자미 줄가자미 눈가자미 군평서니 등가시치 히메치 홍대치 통치 새치 게르치 꼼치 삼치 동갈치 먹갈치 가시복 은밀복 졸복 검복 자루복 까치복 흰가오리

목탁가오리

사돈네 팔촌까지 돌림 자에 맞춰 모조리 상륙이요 퍼덕퍼덕,

암호병暗號兵이요 갯강구 홍지렁이 청지렁이 굼틀굼틀,

돌꽃 석화石花가 피니 가시굴 거북손 홍미잘 따개비 야무진 호蠔 씨족도 따라 피었소 보초병이요 따글따글,

전복 대타 꾸죽 대령이오, 뿔호랑 다시리 다래고둥 명주고둥 횃고둥 딱지고둥 감생이고둥 기차화통 삶아먹은 라螺 씨 문중 군악대요 빠앙빵,

모자반 다시마 잎파래 가시파래 지충이 우뭇가사리 진질이 청각 둠북 불떵이 새모 갱피 김 매생이 뼈 없는 해초류 밑반찬 부대요 흐늘흐늘,

들꽃 산꽃에다가 칠면초 퉁퉁마디 모새달 나문재 해홍나물 천일사초 갯잔디 방석나물 갯개미취 갯메꽃 소금꽃 기쁨조요 방싯방싯,

말 안 듣는 청개구리 뒤를 이어서 참개구리 금개구리 두꺼비 맹꽁이 통신병요 잉잉 엉엉,

귀신 빰치는 족제비에 삵 너구리 백여시 들개 특공대요 호시탐탐,

집쥐 산쥐 다람쥐 들쥐 강쥐 섬쥐 맞쥐 콩쥐 아니쥐 팥쥐 야간 정보요원이요 찔끔찔끔,

다도해라 동글동글 섬 등 얼룩덜룩 육박나무, 아름드리 구실잣밤나무, 붉가시나무 다정큼나무 돈나무 감탕나무 황칠나무 사스레피나무 신새덕이 생달나무 녹보리똥나무 늘 푸른 상록활엽수 군단이요 늘픗늘픗,

다국적군, 황소개구리 붉은눈청개구리 이스라엘붕어 블루길 베스 붉은귀거북 뉴트리아 사향쥐 단풍잎돼지풀 털물참새피 도깨비가지, 우린 비록 생태계를 파괴하는 외래종이지만 이참엔 꼭 한몫 거들고 싶소 교란교란,

호시절 만난 이태백 사오정 오륙도 화상들에다가

강남 살아 살맛나는 황봉백접黃蜂白蝶 무리만 빠지고
아닌 말로 게나 고동이나
삼식이나 삼순이 헐 것 없이 바글바글,
질서는 정연하여 홍동백서 두동미서허고
어동육서 좌포우혜니 조율이시라
겉대중 속대중 합이좆이
육십만 대군에 플러스알파입니다요!

아따, 제사상 한번 걸구나,
소설 '금수회의록' 몇 쪽은 읽어본 모양이구나 내 오늘은 '어족회의록'을 한번 써볼 참이니 다들 정신 똑똑히 붙들어 매거라,
헌디, 거즘 다 모인 것 같은디
오살헐놈의 왜가리 이눔아는 왜 아즉 안 오는겨!
얼레, 맛조개넌 상판대기도 안 뵈네!
늦은 행투가지 보아허니 둘이 단짝,
배 맞추고 엎어져서 또 살살 접시 돌리는 거 아녀?
(아, 왜들 그리 웃어쌓소 당신네는 흠마흠마 안허고들 사시요? 나가 이참에 고사숙어 하나 이를 테니 싸게 받아 적어보씨요 백고이불여일블, 이요 천포이불여일침, 이

라. 탱자 가라사대, 백 번 고고 춰봤자 블루스 한 곡 땡기느니만 못허고, 천 번 포옹해봤자 한번 자느니만 못허니라 아무쪼록 헬스클럽에 에어로빅, 부지런히 몸 만들어서 튼튼허게 잘 돌리고들 사시오 옆집 송편 맛나 뵌다고 샛거리로 탐내지 말고, 이녘 떡시루나 잘 챙기시고요잉!)

에라 모르겄다
워떤 년은 시엄씨 죽고 방아깨비 그 짓거리, 처음이라지 않더냐
해방조개 나와서 19금禁 조개타령,
랩으로 함 땡겨보그라

예으이—,

생사여탈권 쥐었다고 착각하는 인간들
잡녀르 꼬락서니에 어쩌다 조개 맛은 알아갖고

해가 떠도 조개 달이 떠도 조개,
자나 깨나 조개만 찾는구나
어서들 나오니라!

세상 온갖 조개들 우루루 쏟아져 나와
입을 쫙쫙, 가슴패기 확,
내가 조개다 조개. 하루 세끼
밥 안 먹고는 살아도 조개 없인 무슨 낙,
자다가도 팔딱팔딱 좆지랄에 음머음머
환장을 허겄다 꽉꽉꽉 쪽쪽쪽 물고 빨아서
홍콩 가는 비행기를 태워주는
천하절색 명기들 다 나온다
담송담송 떠오르는 그놈의 조개 맛, 사람을 잡는구나
포르노사이트 클릭클릭 손모감지 흔들흔들
딸딸딸 용두질에 허연 콧물 쏟는 사이버족,
채 여물도 않은 미未조개 탐내는 껄떡껄떡 원조교제파,
요것저것 안 가리는 천하잡놈에
감성 98%짜리 대체이성로봇을 찾는 홈쇼핑 테크노섹스파,
새털 같이 쌔고 쌘 날 밤마다 양주병 차고 놀악질에
아침 되면 사발 조갯국 후루루 오렌지족,
개부랄 씨부랄놈들아 다 들어봐라~

쫀득쫀득 대롱조개 눈썹 촉촉 비조개야
꼬들꼬들 나박조개 춘향이 속살 모시조개
쌍무지개 공작조개 피가 철철 피조개야
비틀바틀 누비조개 속살 붉은 살홍합아
열쇠 숨겼다 키조개 훌렁훌렁 함박조개
조폭마누라 갱조개 학사모 쓴 삿갓조개
야무지다 돌조개야 살랑살랑 부채조개
스몰사이즈 재첩아 라지사이즈 대합아
쌉싸르르 시원매콤 달짝지근 보들야들
뻑적지근 뼈마디를 슬슬살살 녹여주는
세상에 이런 불로패不老貝 어디에 있겠느냐
살진 조개들이 남도 갯바닥에서 죽어간다
못된 놈의 인간들아 비렁뱅이 족속들아

이때여 조개타령을 듣고 날아든 놈이 하나 있었으니, 바로 강남 사는 제비란 놈이렸다 남도 산과 들을 뒤져 비암 한 푸대 물고 와서는,

워메 조개엑스포 열렸능개비,
세상 조개들 다 와번졌네

이 좋은 날, 내가 빠지면 되것능가?
바람 난 전기수傳奇叟처럼 사설을 풀어놓는디,

자, 날이면 날마다 오는 게 아녀.
달이면 달마다 오는 것도 아녀.
훠이 훠이, 애들은 가라.

아자씨 아조마니 시집 못간 아가씨, 부끄부끄 허들 말고 가까이 와봐. 새벽 여섯 시 삼각산에 올라가봐. 시커먼 어둠 속 아가리 쫙 벌린 말뚝이 있어. 바로 비암이여. 심심산골 산삼 먹고 열 받은 백사! 자 요놈을 대감지 끝부터 쭈욱 훑어봐봐. 중간 밑에 마틀마틀 걸리는 거 있어. 이거이 무엇이냐, 사랄이여. 뱀 사, 자에 불알 랄, 자 사랄! 어디에 쓰느냐? 공부허랴 컴퓨터허랴 눈 나쁜 학생들 이거 한 마리 고아 줘봐. 길 가는 여자 치마 속까지 훤해져. 휴게소 화장실서 오줌 싸는 아저씨 봐봐. 바지가랑이에 구두까지 다 젖어. 이거 서너 마리만 푹 고아 잡숴봐. 변기에 금이 가도 나 책임 못 져. 열댓 마리 잡숴봐. 오줌이 담장을 넘고 자갈이 튕겨져 나가. 쪼글쪼글 주름 많은 저 할매, 저 아짐씨, 한번만 잡숴봐. 위스퍼 화이트 사러 약국 드나들고 잘못하면 애가 생겨. 당최 설 줄 모르는 하납씨 잡숴봐. 마니 뭇다 고마 해라 할마씨가 지겹다고 내쫓을겨. 마누라 샤워 소리에 가슴 덜컹 아자씨 함 잡숴봐. 아조 직방이여. 천연 비아그라 시알리스여. 갱년기 아줌마 잡숴봐. 무작시럽게 촉촉해져부러! 젤리 바를 일 없고 퇴근한 남편 렛츠 고우 홈, 밤마다 가죽방아질이여. 서울 가서 물어봐. 이통박통에 가지각통, 통 자字 달린 놈 치고 내 단골손님 아녔던 놈 없어. 허면 이 막강 효험의 비암이 얼마냐, 딱 한 장으로 모시것어. 백마넌? 고렇게 받았으면 나 떼돈 벌어 볼쎄 벤츠 타고 작은 각시 탔어! 자, 애들은 가라. 불독사 실뱀 물뱀 누룩뱀 석구렁이 반먹구렁이 흑질황장 흑질백장 꽃뱀 백사 능사 살모사 까치독사에 덤으로 판사 검사, 혹시 몰라서 애프터서비스용으로 장의사. 보너스로 사랄주 쓸개주 한 병씩, 합이 이십마넌. 이거 다 받느냐? 나 인정 많아 고렇게 못혀. 반 뚝 잘라 단돈 십마넌! 현금 없으면 카드도 받아. 노래방 가서 마이크 잡고 뽕짝 메들리 한번 불렀다고 생각해! 저기 애 깔고 앉은 아줌마 정신 좀 차려. 애 숨 못 쉬것어.

머시라고? 그러는 난 마누라한티 잘 해주냐고?

그런 거 묻는 거 아녀.

자 비암이 왔시오. 애들은 가라.

이래 놓으니, 좌중이 배꼽 잡고 떼굴떼굴
세상 모든 절굿대는 떨구덩떵, 콧구멍은 벌렁벌렁

좋구나 좋아 흐미흐미……
체면이고 개뿔이고 간에
좌장 수조 어르신도 쪼락쪼락
땀 한 바가지 야무지게 흘렸것다

아, 요러고 나니, 울화가 서 푼어치나 가라앉는구나
헌디, 미끌미끌 뱀장어 어디 박혔냐!
니가 빠지면 될 일도 안 되더라 싸게 오그라
분위기가 야리꾸리허지만 워쩔 것이냐
니놈 꼬리 힘 좀 보자구나

허여, 뱀장어 기어 나와 일어선다
좌우지당간에 뱀장어 놈 일어서는디
뻘바닥 딛고 꼬리에 힘을 주고
어기여차! 대감지를 쑥,
온몸을 새북좆처럼

일자一字로 탱탱,

여러분, 시방 이놈이 흥분을 헌 탓으로
비록 싸가지 읎이 빳빳허지만
분위기 고상허게 함 가볼라요
영산강에 팔경八景 있단 소리 못 들어보셨제라?
개나 소나 혀짜래기소리로 자랑들 해쌓는 절경이
왜 이 강에만 없것소? 잘 보씨요 잉,
이래봬도 내가 에스라인S-Line 몸매에 전공이 미학이요,

해질녘 영산강 둔치에 서면
진충공盡忠公 불타는 가슴, 강으로 들판으로 번져간다
정자亭子를 보지 말고 정자에 서서 보라
내려다보는 뱃속까지 공명共鳴하니
석관정石串亭 저녁노을, 이 아니냐
몽탄진夢灘津 뱃길 거슬러 오십 리
주룡협곡 깨인 윤슬, 안바다에 비단 폭 쳐도
세상 물밑 곳곳이 암초로다
어기야 홍어 배야 상앗대 밀어라
깜박이는 멍수등대, 이 아니냐

배뫼마을 비로봉 아래로 강물이 늘어지니
굽이굽이 글 읽는 갈밭, 한호閒好 선생 경전이라
그림자도 쉬어가네 식영정息影亭 느러지, 이 아니냐
징용 끌려가는 남편 중천포에 이별하니
바위산도 손 흔들고 강물도 땅세 거슬러 흐른다
품어야 님이라지 않더냐
배야마을 안고 도는 곡강曲江, 이 아니냐
묵묵히 흐르는 강물
소용돌이칠 때도 있느니 가거든 사랑아
깎아지른 절벽으로 돌아오라 낙화암 여기로다
가야산 앙암바위, 이 아니냐
내가 죽더라도 곡하지 말라 물곡비勿哭碑 깨우는
소치嘯癡 임제 옥퉁소 소리,
나주3백百 쌀 목화 샛골나이 실어 흰 피로 흐른다
다시多侍 영모정永慕亭, 이 아니냐
극락 황룡 두 물줄기가 만나 오방색 꽃을 피우니
달고 시고 짜고 쓰고 매운 우리네 삶
팔작지붕 위 무지개로 뜬다 노평산盧平山 기슭
호가정浩歌亭 합수머리, 이 아니냐
강을 이루기에 앞서 땅이 먼저 울었을까 땅이 울자 천

년 민심도 따라 울었을까
휘어질지언정 꺾이지 않는 대(竹)의 울음이여
만물이 세류청청, 담양습지 이 아니냐

노래가 끝나자
진경산수 8폭 병풍이 따로 없구나, 감탄을 하며
나오는 이도 있었으니 바로
한반도가 낳은 희대의 다족이,
삼천발이(三千足) 교수님이것다
오늘도 다리를 발발 떠시면서 한 꼭지 허시는디,

단군 이래 대대손손 강을 끼고 살았으니
한반도는 산의 나라가 아닌 강의 나라.
한강은 한반도의 중심이요.
낙동강은 가야 신라 고려 조선조 지나 오늘까지 살아 있는 강이요.
금강은 하늘땅이 함께 흐르며 천 년 동안 죽어지낸 강이요.
영산강은 다도해, '바다금강산'이 육지로 밀고 들어온 강.

그런 강들을 몇 백 년 괴롭히다가,
20년 전에는 강과 운하를 혼동하여,
지방하천에서 97%가 발생하는 홍수를 핑계 삼고
일용직 아르바이트생이 대부분인 건설 일자리 34만 개
창출을 구실 삼아
서로 다른 네 개의 강을 하나의 해법으로 풀더니,
예비타당성조사 환경영향평가 몇 달 만에 후딱!
수십 조 원 국민혈세 물 쓰듯 펑펑!
공사! 공사! 공사!
그게 끝이 아니라,
해마다 유지보수비에 이자보전비,
천문학적인 돈을 낭비해가며
아예 강을 죽이고 말았소이다. 그러니,
복지 환경 노동 교육 보건의료 예산은 바닥이 나고!
학생급식, 실업자구직, 비정규직 정규직 전환,
집 없는 서민 중소기업 중소상인 보호
그림의 떡이 되고!
이런 얄팍한 양심으로 무엇을 이루려했는지 잘 보시오.
4대강 사업 일자리가 지금도 남아 있소이까?
대형건설업자와 부자 몇몇을 위한 공사였을 뿐이외다.

허니, 풍백 우사 운사 삼신三神 거느리고
이 땅에 터 잡으신 환웅님의 계신 뜻 무슨 낯으로 뵈리오.
구름 일고 비바람 치니 두렵지 않은가 인간이여,
짐승의 탈 벗어버리고
하루빨리 강을 살리시오.

(—아, 박수는 요때 치는 것이요 잉! 박수~! 그나저나 야야 고수야, 네놈은 뭐 강에 대해서 씨부렁거릴 말 없냐?
—아따, 야닯 치 막가지로 쇠가죽 통이나 뚜다리는 놈이 뭘 알겄소!
—일고수이명창이요 까불대고, 암명창수고수요 궁뎅이를 넘보더니 빼긴 왜 빼는 게냐 북 하나만 달랑 찬 전라도오페라, 내 신세 한번 더럽구나,
—알긋써라, 배운 게 북질이니 똑 그렇게 말허리다 으이 얼씨구 아먼 얼쑤 잘한다, 추임새를 부탁허오 한량북이 아닌 내 소리북은 뒷손으론 궁편 오른손으론 채편을 치는디 딱, 때리고 궁, 치고 구궁, 굴리고 척, 막고 합궁따궁따따궁궁척궁구. 도나캐나 장단이 아니요 춘하추동

삼라만상을 담아 음양의 흐름을 딱딱, 맞추는 것이제라 탱자나무 북채로 보름달 오른 모서리 매화점梅花點을 따르락 딱, 굴려 때리면 그 소리 여린 숨 달고 나와 내 눈에 매화꽃으로 피고, 적벽강 불 지를 땐 내 북통에도 불이 붙어야 명고수! 창唱 허는 냥반이 영산강이 뒈져간다고 개지랄을 떠는디 내 통북인들 안 아프것냐 그 말이요. 생사맥生死脈을 알고서 소리를 밀고 달고 맺고 푸는 이 북이, 저 강의 흐름과 다를 게 뭐 있겠소 데면데면 넘어가지 말고 강이나 똑바로 살려보쇼 내 다시 북채를 잡으리다,

—얼씨구 썩을 놈, 새살 하난 좋구나 자자 또 가보자,)

이때여, 내황후 무서시라 서호판관
와시락 바시락 백해白蟹 천기 찔롱기
터엉텅 무장공자 번뇌 많다 볼금도사
등띠기 돌띠기 눈띠기 뜯어를 봐라
청장 황장 홍장 배띄기 누비띄기
대족이 이족이요 소족이 팔족이요
천상이목 걸음걸이 가로걸이 횡행거사
전장 빗장 두리장 옆으로 실실 외골내육

코짐이 잘잘, 별호 많은 찔롱게 볼가져서는

그게 다 '이것' 때문이 아니것소?
호도깝스럽게 한 곡조 두들기는디
(현왕 가오리 왕께서도 귀꽁알로 흘려버리지 말고 하루 바삐 영산강을 살려내는 게 오장육부에 좋을 것이요 내 말만 들으면 오그라든 간도 다시 커질 것이요잉.)

나온다 나온다 나온다
볼금볼금 기어 나온다
헤죽헤죽 달려 나온다
가가감실 몰려나온다
가신그룹, 가오리당 당직자,
포도청 고위간부 나온다
눈딱부리 육방六房 나리들
지릅뜨기 구실아치들 나온다
잘난 국회의원 지자체장
공천희망자들 불거진다
개떡 같은 출세를 부르며
진흙반죽으로 대갈통 빚어

덜렁덜렁 목에 달고 나온다
저기, 강남불패江南不敗 복부인들
처진 뱃살 흔들며 나온다
역세권불패驛勢卷不敗 서초방배 역삼반포
컴컴한 지하도에서 나온다
천당 아래 분당에서
딱 좋구나! 의기양양 나온다
뉴 타운, 4대강 유역, 달나라에
투기한 놈들 삐져나온다
포클레인 불도저, 강바닥 밀며 나온다
덤프트럭, 모래자갈 싣고 나온다
전라도 땅 유자, 강북에 심었더니
탱 탱 탱자로다 어용교수 나온다
어용방송 어용신문사 어용언론인
졸랑졸랑 맨 끝에 끼대나온다
어허, 주렁주렁 따라 나온다
이허, 떼거지로 몰려나온다

—저놈들이 뉘기냐?
—예으이, 삽질교揷侄教 망치소리종파忘置疏籬宗派 떨거지

들인 줄 아뢰오,

—무슨 죄를 지었는고?

—이를테면, 가재골 양반이 가재를 잡으러 왔는데, 집작골 양반이 잡아서 구작골 양반이 구웠는데, 먹기는 먹작골 양반이 먹었습죠

—보초사니 없는 놈들이로고. 이리 오너라 같이 삽질 한 번 해보자구나

달롱게가 달밤에 체조하듯 허공에 삽질을 허는디

시르렁 실근 삽질이야
에이여루 삽질이야
비렁비렁 삽질이야
정치권력 쥔 자라고 천신이 아니요
하루 세 끼 먹는 인간이요
나룻이 석 자라도 먹어야 샌님이요
청백리를 자처하던 이도 왕이 되면
수양제隋煬帝 교훈을 잊고 온 산야 들쑤시며
가렴주구 일삼는 독재자가 되니
껍데기만 공명정대요 속은 제 잇속이라

서민들이야 미물들이야 뒈지건 말건
뒤지고 챙겨서 저부터 잘살자는 것인데
잘 익은 입으로는 천지신명께 무욕을 맹세한다니
각부각처가 한통속으로 썩었구나
덜 익은 통박 굴려서 쓴 정치 각본脚本
엄벙덤벙 우습구나 좆나게 웃기는구나

맞다, 저기닷! 저기 좀 보아라!
저 꼬락서니 딱 맞구나!
전어錢魚들이 온몸에 동전을 휘감고 나와
퍼덕퍼덕 돈타령 퍼포먼스를 하는구나!
지금 이 나라 고관대작들 행투가지가 똑
저 모양 저 꼴이니 잘 보아라!

어중이떠중이 시커먼 잡것들
땡전 한 푼어치 정신머리도 없는 놈들이
돈 알기를
문둥이 콧구멍에 박힌 마늘씨 같은
돈 알기를
구곡간장 찢고 애 졸이는

돈 알기를
쪽 뽑아먹기 좋은 개좆으로나 아는지
털도 안 뽑고 처먹기를
인 마이 포켓in my pocket에 다다익선多多益善
양산 밑에 오종종 모여서
강물 속의 돈을 보니

어느 것이 푼돈이며
어느 것이 목돈이랴
이걸 파도 돈이요
저걸 긁어도 돈이요
널려진 게 돈이요
쌓이는 것이 돈이요
보를 놓고 돈이요
고이는 게 돈이요
둑을 막고 돈이요
넘쳐나는 돈이요
다리 세우고 돈이요
건너오는 돈이요
생색내며 돈이요

모두 다 내 돈이요

자절사子絶四, 무의毋意 무필毋必 무고毋固 무아毋我에 무전毋錢을 더해 자절오子絶五를 새겨야 될 이 땅에 우리가 살고 있구나

아여, 흥부 놀부가 손을 맞잡고

뻘건 잇살 드러내며 개정판 돈타령을 부르는디

아그들아,

벌어들일 돈이니 미리 세어나 보자구나

형님이 좋아라고 형님이 좋아라고

영산강 모래자갈 긁어 파면 돈 나오고 또 파면 또 나오고 수북허니 쌓인 돈, 주워 담고 돌아보면 이 강 저 강 4대강 5대강 6대강 도로 한 포대 그뜩허고, 꼬불치면 도로 수북, 짱박으면 도로 그뜩, 아이고 좋아 죽겄다 일 년 삼백육십육일 꾸역꾸역 그저 많이만 나오니라 돈 돈 돈

동생이 좋아라고 동생이 좋아라고

돈 궤짝 떨어 붓고 닫쳐 놨다 열고 보면 도로 하나 그뜩허고 어찌나 떨어 부었던지 생각만으로도 돈이,

일십백천만 십만백만천만 억조경해 정재극, 항하사恒河沙라

돈이야 허면 끄뻑 뒈질 놈들
무덤바가지 속에서도 낯짝에 생기가 돌아들어
골마리에 돈 한 꿔미 꿰차고
춤을 추며 놀아나는디

얼씨구나 좋을씨고 절씨구나 좋을씨고
얼씨고 절씨고 지화자 좋네 지화자 좋아
돈 봐라 돈 봐라 돈돈돈 돈 봐라 돈 봐라 돈 좋다 살았네 살았네 지하갱제 살았네 지하벙커 살았네 야 이놈의 돈아 워디 갔다 이제 오느냐
잘난 사람 가진 돈, 못난 놈 없는 돈, 유전무죄 무전유죄 생살지권 쥔 돈, 부귀공명 붙은 돈, 경제 쪽박, 부자 대박, 서민 압박, 바가지 같이 둥글둥글 도는 돈, 돈돈돈돈 돈돈돈돈 돈 봐라,
야 이놈아 큰 자식아 고, 소, 영아 니네 백부님 모셔오너라 경사를 보아도 우리끼리 볼란다 이런 경사 또 있나
엊그제 허당虛黨이라 문전걸식 일삼더니

오늘날 부자 되어 오바마가 부러울까 노벨상이 탐나랴 불쌍하고 가긍한 놈들아 참는 김에 더 참아라 내가 먼저 먹어보고 남으면 나눠줄게 얼씨구나 좋을씨고.

여보아라 자식들아 이놈들아 춤을 추어라 이런 경사 또 있나 얼씨구나 돈 좋다 돈 좋다 돈 봐라 돈 봐라 얼씨구 절씨구 지화자 좋다

옆에 있던 차기 대권주자 보안사령관 먹가오리도
구경만 할쏘냐, 콧구멍을 벌씸벌씸 키우더니
예끼 나쁜 놈들! 악을 쓰고는
'듯 타령'을 부르는디
이놈 저놈 줘 패는 데는 이골이 난 놈이라
잘도 패것다

오뉴월에 개 패듯 담뱃대로 재떨이 치듯
마파람에 게 눈 감추듯 거미가 줄똥 싸듯
두꺼비가 파리 잡듯 새색시가 방귀 뀌듯
고수가 북을 치듯 중이 목탁을 치듯
사당패가 장구 치듯 양지 볕에 이를 잡듯
고네기 쥐를 잡듯 망나니가 곤장 치듯

왜놈순사 따귀 치듯 동풍에 말꼬리 치듯
새벽닭이 홰를 치듯 하룻강아지 꼬리 치듯
암사내가 떡을 치듯 상머슴 도리깨 치듯
며늘아기 방망이 치듯 마른하늘 번개 치듯
춘향이 볼기치듯 소리개 병아리 치듯
홍부 볼기 매를 치듯 이리 치고 저리 치고!

요렇게 대가리를 얻어맞고도
허튼 짓거리하는 얼간이 몇 놈이 예 있으니
썩기 전에 젓을 담가라!
젓갈 잘 담그기로는 짠돌이 소금쟁이가 고수이니
푸욱 삭혀보라,

네네네네,
정 담그라시면 담그기는 담그겠사오나
젓 담그는 법 한두 가지 아니라
소금에만 절이면 염해법이요
술 기름 천초 섞으면 주국어법이요
누룩이 더해지면 어육장법이요
엿기름에 찹쌀밥 동동 띄우면 식해요

어정칠월 건들팔월 두어 달 삭히면 젓이요
대여섯 달 묵혀 거르면 젓국인데
소인 어찌 담그리까?

니 꼴리는 대로 담가보그라!

흰빛 잔새우 소쿠리 받쳐 소금치고 섞어서
항아리 담고 꾹꾹 눌러 웃소금 흠뻑, 새우젓 사려
오월엔 오젓 유월엔 육젓, 대하젓에 백하젓
중하젓에 곤쟁이젓 토하젓 또랑새비젓
청어로는 비웃젓, 전복창자 게웃젓
전어내장 돔배젓 밤만 따면 밤젓이요,
꽃게새끼 싸시랭이젓 바지락조새 해피젓
북어아가리 서거리젓 밴댕이는 송애젓
꼴뚜기를 담그리다 전라도 가면 고록젓
평안도 가면 홀째기젓 작은놈은 호디기젓
큰놈은 수느레젓이요 명태알은 명란젓
창자는 창난젓에 아가미는 아감젓이니
버릴 게 하나도 없구나 이를 말이요!
어류에 갑각류 연체류 따질 것 없이

살 내장 아가미 알을 골라 골라 담아서
그저 가나다라 순으로 담가보는디

가자가자 어서 가자
가자미젓 강달이젓 고노리젓 고등어젓 갈치젓 까나리젓 꽁치젓 능성어젓 눈치젓 대구젓 도루묵젓 돌치젓 동태젓 등피리젓 디포리젓 매가리젓 멸젓 모챙이젓 민어젓 반지젓 뱀장어젓 웅어젓 자리젓 정어리젓 준치젓에 황수어젓이요
가자가자 게판으로 가자
갈게젓 꽃게젓 농발게젓 돌게젓 방게젓 벌떡게젓 썰게젓 참게젓 청게젓 털게젓에 화란게젓이요
가자가자 연한 삭신 담그러 가자
굴젓 낙지젓 대합젓 동죽젓 맛젓 모시조개젓 바지락젓 백합젓 소라젓 오분자기젓 오징어젓 어리굴젓에 한치젓이요
워매, 뭔 놈의 젓이 젓이 젓이 젓이 요렇게는 많다냐
이놈 속젓 알젓에 저놈 대가리젓 거시기젓,
아구리 딱딱 젓판이요

이렇게 온갖 젓갈이 무르익는디
소금물 밴 가오리 왕 몰골인들 오죽헐까
거즘 눼질 때가 되얐것제
허나, 마지막 입맛은 땡기는지
자알 담갔구나, 침을 꼴깍 삼키고는
찬물에 고봉밥 두루루 말아 한 그릇 뚝딱 해치우고
배때기를 홱, 까뒤집것다
눈꺼풀도 무거운지 거적눈을 덮고
몸통 머리통 알통 염통 밥통 오줌통 숨통 상통 골통
온 삭신 파르르 떨며

아이고 간땡이야,
그리스로 간 사러 간 두견이는
아즉 기별이 없는 게냐?

정보통신부장관 돌고래, 찡찡 초음파로 답하길

전하, 두견이가 메일을 보내오길 프로메테우스 씨가 제우스 씨랑 밀고 땡기고 짜웅을 잘해서 이미 풀려났다 하오니더. 카우카소스 산에 없으면 삼수갑산 다 뒤지고 햇각시를 팔아서라도 간을 꼭 구해오니라 일렀으니 지둘려

보시니더. 이참에 아이큐 높은 쥐치를 불러 외국 강 사정은 어떠한지 알아보심이 좋겠니더,

드디어 쥐치 나온다 쥐치가 나온다

나와도 그냥 나오는 게 아니라 지랄 옘병가통을 치며 나온다

한때 기막힌 엉덩이춤으로 빌보드 차트에 구멍을 냈던 스웨덴 팝그룹 '아바ABBA'의 쥐떼를 불러 모으는 노래 '더 파이퍼The Piper' 피리 부는 사나이를 경쾌하게 바닥에 깔면서

강박증 환자에게 '랫맨Rat Man'이란 코드명을 붙였던 오스트리아 출신 심리학자 '프로이트'를 앞세우고

자기가 쓴 책 『사르코지, 무엇의 이름인가』에서 자기 나라 대통령을 '쥐 사나이(Rat Man)'라 부르고 그 추종자들을 '쥐들(Rats)'이라 표현하고도 기소, 구속은커녕 입건되지도 않은 프랑스 철학자 '알랭 바디우' 손잡고

2010년 11월이던가, 'G20 포스터' 그렸다가 덜렁 기소된 대한민국의 박 모 대학강사 포박하여 질질 끌고

사방팔방 살피는구나,

꼴값을 떠는구나,

저놈 꼬라지 좀 보아라!
빌어 처먹을 놈이 후딱 나오지를 않고

구녕 속에서 뽀르르 반만 나와서는
대가리를 존지존지,
두어 발 오도도도 달리다가
멈춰 서서 목덜미를 움찔,
헛제삿밥 훔쳐 먹다 들킨 놈처럼 이쪽저쪽 힐끔힐끔
눈치를 슬금슬금,
다시 뽀르르 달벼오다가 또 멈춰 서서 몽그작몽그작,
고개를 몬네몬네 턱조가릴 삐틀빠틀,
눈알을 한참 몽구리다가
그제야 삐르르르……
소인 당도요!
초라니방정을 떠는구나

예끼, 이놈아 빨랑빨랑 끼대오그라,
두어 마리만 더 왔으면
좌판 우판 포를 떠서 나란히 펴 붙여 한 장,

말리기를 꼬들꼬들 굽기를 놀짱놀짱,
쥐포구이 박박 찢어서는 붉은악마 응원단 생맥주 안주!
허나, 월드컵 내려주신 하늘이 눈부시게 푸르러
내 오늘은 참는다,
(긴급뉴스올시다, 방금 끝난 달나라 월계수시 토끼실내 체육관에서 열린 2030년 월드컵, 아르헨티나와의 결승전은 양박쌍룡이 한 골씩 쏘아서 4대강, 아니 4대0으로 이겼다는 소식이올시다)

하여튼 예예, 찍찍, 주억거리며
쥐치가 사설을 풀어놓는디

아따, 나가 시방
서울 구경을 갔다 오니라 쪼깨 늦었구만이라. 거기 어디냐 청, 청, 청계천을 급히 댕겨왔습다. 여러분 혹시 '갈겨니'라고 아신게라? 섬진강 맑은 물에만 산다는 민물고기! 그런디, 청계천에 갈겨니가 산다고 신문마다 대서특필 난리가 났당게요. 그려서 이놈이 뒷조사를 해보니 허허, 아조 웃기는 일이 벌어졌지 뭡니껴. 워떤 방정맞은 손목땡이가 마트에서 '몇 봉지 사다가 몰래 풀어놓았다'

지 뭡니껴. 선거철이 뽀짝뽀짝 다가오니께 '물 홍보 잘 해서 이번에도 재미 좀 보자!' 뭐 이런 속셈 아니것남요. 다음 대선에선 원격조종이 가능한 '로봇물고기'가 판칠 게 뻔합니다요.

인자 본론으로 가보것읍다.

태초에 영등할매, 어보를 쓰실 적에
그놈 생겨먹길 딱 생쥐로구나, 하는 뜻으로
유 알 어 미키마우스, 하시길래
안다 스탠드(Understand),
뒷발로 일어서서 배꼽 잡고 키득거렸더니
영어가 제법이구나,
머리 좋기가 서생원을 넘으니
고개 치峙 자, 쥐치라 부르라,
제가 방방 뜨던 그놈 아닌감요
이천 일이십 년대 구닥다리 정보지만
보고 듣고 느낀 대로 말씀 올리것습다

먼저 독일 뮌헨 이자르 강으로 가보것습다 강물이 썩자 콘크리트 둔치 8킬로미터를 21년 걸려 뜯어냈습다 그랬더니 여울이 생기고 모래밭이 쌓이고 물이 맑아지고!

프랑스 리옹의 론 강 손 강임다 무려 반세기에 가까운 청색계획 끝에, 조화와 공존을 이뤄냈습다

스위스 투어 강으로 가볼깝쇼 라인 강의 지류인뎁쇼 오래전 홍수가 나자 대책이랍시고 인공호안에 제방을 건설, 직강直江으로 고쳤는뎁쇼 에고고, 더 큰 홍수를 세 번이나 겪었다지 뭡니까 그때서야 정신 차리고 자연 형 사행하천으로 다시 복원했음다

일본 키타큐슈의 무라사키 강도 20년 동안 둑을 헐고 보를 걷어내서, 검은 강을 다시 보랏빛 강으로 되돌렸습다

미국 샌안토니오 리버워크Riverwalk는 복개로 사라질 뻔했던 하천인데, 자연 그대로 잘 다스려서 도시사람들에게 지붕 없는 지하세계 같은 물길을 안기고 있습다

울산의 태화강도 보를 허물자 새와 물고기들이 돌아오지 않았습까

영산강도 하굿둑과 방조제를 헐고 보를 걷어내면 살릴 수 있습다

그래야 우리 바닷것들도 더불어 살아갈 수 있굡쇼

네네네네,

예까지 말을 듣던 가오리 왕
옳거니! 배꼽 두덕을 치더니
여봐라, 쥐, 쥐, 쥐치를 강물특보로 임명하노라!

허지만, 강특쥐야 강특쥐야
영특한 내 강특쥐야
니 말이 옳겠거니 여기지만서도
내 용퉁한 머리로는 인간의 심보를
딱 절반밖에 모르것구나
알아야 면장이라도 해먹을 게 아니냐
반에 반을 더하면 오니 하나,
반인 반어 인어人魚가 제격이로다
썩 불러오그라,

그리허여 거기 어디냐
경남 마산시馬山市 이종무면李從茂面 대마도對馬島 619번지
국립해양수족관에 갇혀 있던
수인번호 1번 옥붕어玉朋魚 아기씨 나오는디

저 처자 보아라 저 처자를 보아라
지렁이 개불 갈치비늘 갈아 만든
립스틱 짙게 바르고
얼굴은 앵초 꽃잎 도르르
수갑사 댕기 묶은 지느러미 하늘하늘
젖가슴 옹긋봉긋 허리는 잘록잘록
풋방뎅이 통실통실 옥색 치마항아리 매끈
흰 수건 두른 꼬리 살랑살랑
옥에서 놓여나온 눈썹 젖은 춘향이
교방춤을 추는 듯
어이야, 숨만 쉬어도 춤이요
보는 내 눈이 춤이요
흉곽 들창문 드르륵 열고
심장 허파 간을 덥석 움켜쥐는 듯
으이야,
달도 별도 오줌을 질금질금 지렸것다
허나, 어림 반 푼어치도 없는 짓거리
코빼기도 안 멕힐 야무진 여장부였으니

소녀, 아랫몸이 물고기인지라

비록 꼿꼿이 서서 걸어보진 못했지만
사람이라는 고등 동물을 반쯤은 아나이다.
말, 연모, 불을 다루며
스스로 인간이라 부르지요.
뚫린 입으로는 만물의 영장이라 나불대지만
온전히 진화하려면 아직 멀었나이다.
욕심이 많아 동종끼리 서로 죽이길 일삼고
타종을 배려하는 마음도 없으니
별종 중의 상 별종입지요.
게다가 통솔자 몇몇은 심각한 돌연변이이고
대다수 머릿속에는 부화뇌동 유전자가 박혔으니
지구방위대로써 꽤 쓸 만한 동물이란 말,
옛말에 헛말입지요.

인어 아기씨, 요렇게 말쌈지를 고분고분 여는가 싶더니,
앙가슴뼈까지 먹물 든 까마귀맨치로 속이 깝깝해오는지, 갑자기 본토 억양으로 말을 돌려 빼서는 잘근잘근 물어제끼는디 참 유식도 허것다
들어볼작시면,

그러니께 지들이나 나나
꼭지 덜 떨어졌기로는 돗장갯장 아닌게라
하,
20년 전 4대강사업만 해도 그러지라
당시 권력 쥐었던 사람들,
제임스 C 스콧 박사의 『국가처럼 보기』
그 책, 읽어나 봤는지 모르것어라.
중국의 대약진 운동, 소련의 집단농장, 탄자니아 에티오피아 강제 촌락화村落化, 브라질리아 찬디가르 신도시 건설, 미국의 산업영농, 제3세계국가 개발계획,
인간의 삶을 개선하고자 했던 국가주도형 공공계획들
모조리 실패로 끝나부럿는디도
강압적 권력을 과용 오용 남용!
시민사회를 국가 계획에 저항할 수 없도록 깔아뭉개고!
주둥이로만 녹색성장!
과거 칠성상어 집권 때의 건설국가 동원 체제
그 묘미를 되살려
직선과 질서만 반영된 조감도를 들고
쓸데없는 4대강사업! 그후 10년 동안 203개 하천 정비

사업!
주민의 가치와 욕구, 반대를
유토피아적 계획과 권위주의적 묵살로 밀어 붙이고
만물의 복지에 치명적인 위협을 가했으니
이런 무지막지한 횡포가 세계 어느 나라에 또 있었겠소!
그때 무서워 참고
더러워 참지만 않았던들
지금 우리 강, 요 모양 요 꼴일랍디여
흐르던 강이여 흘러야 할 강이여
이넌에게 부디
'국가처럼 보지 않는' 지식과 지혜를 주시오

나가 지금도,
하굿둑에 가로막혀 올라가지 못허는
이넌의 탯자리 영산포만 생각허면
위 아랫몸 바꿔 달고 육지로 달벼가서
고놈들 불알 쪽을 확, 물어뜯고 싶으요!
허나, 당랑지부螳螂之斧로 큰 수레 어찌 막으리오
내 붓 도끼 들어 간귀를 징계허리다

사람이 무섬을 타기로는 귀신이 으뜸이니
멈춘 강이여, 이년의 한바탕 푸닥거리를 보시오!

흰쌀 두룸박에 촛불 켜고 엽전 열 닷 냥 뿌리고 온갖 귀신 부르는디,

나옵소서 나옵소서 산에 산신 냇물 용신
고갯마루 서낭신 골목길에 객귀 걸신
대문간에 문신이요 부엌아궁이 조왕신
뒷간 통시 칙간신에 대청마루 성주신
안방에는 삼신이요 애 잡아먹는 애귀신
총각 죽은 몽달귀신 처자 죽은 손각시
할매 잡는 할배귀신 과부 잡는 홀아비귀신
정월보름 제웅귀신 피 빗자루 도깨비귀신
들밥 먹는 고수레귀신 고뿔할 때 고뿔귀신
마마에는 처용귀신 우물가 물바가지귀신
이 산 저 산 토목귀신 갯벌에는 간척귀신
앞강에는 보귀신 4대강에 준설귀신
앞바다 방조제귀신 등 너머엔 여보당신
눈앞에는 정치혁신 서리서리 내리소서

영산강을 보옵소서 굽이굽이 살피소서

그때여, 자산어보 물목 어족들
선창 후창 돌림으로 한 곡조 쭈욱 빼는 것인디
그 소릿길 고불고불 가느스름 기다맣고
어득어득 멀다더라

에라 만수萬水 에라 대신大神.
부탁 가자 부탁 가
용왕님 전에 부탁하러 가세
죽산보 승촌보 뜯고 영산강하굿둑 영암방조제 금호방조제 헐어 난바다 흑산도에서 안바다 영산포 동구나루까지 바닷물이 오르내리도록.
강물 살리고 갯벌 살리고 사람을 살리도록.
에라 만수 에라 대신.
되똥되똥 쫀지락存之樂아
청천에 떠 작연鵲燕아
허공에 쏜 화살, 쇠오리야
네 어디로 가는 길이고.
황룡강 향하느냐

지석천砥石川으로 가느냐
아늑자늑 흐르던 영산강 어디 두고 차가운 등불처럼 너 서럽게 우느냐
에라 만수 에라 대신.
강 위에 둥둥 뜨는 배
풍월 실어 가는 황포돛밴가.
회진 지나 풍강楓江 임백호林白湖 낚싯밴가
목포에서 영산포 뱃삯 25전,
동문안 미나리, 새월 마늘, 홍룡 두부, 사매기 녹두묵, 전행 생강, 솔개 참기름, 보광골 열무, 보리마당 겨우살이
소팔진미蔬八珍味 부리고
몽탄 숭어, 복바위 황복, 수문 장어, 조금물 또랑참게, 구진포 웅어, 황룡 잉어에 자라, 미수어眉叟魚 뱅어
어팔진미魚八珍味 싣고 오는 중선배인가
한잔 먹세그려
또 한잔 먹세그려
영산榮山이라, 꽃 꺾어 산 놓고 무진장 먹세그려
이 몸 죽은 후면 뉘 한잔 먹자 할꼬.
하물며 무덤 위에 잔나비 바람 불 제 뉘우친들 어쩌리,

탁류濁流에 물든 장진주사將進酒辭 술 배런가
에라 만수 에라 대신.
금강錦江이라 강북 원효문풍 강남 적벽풍류赤壁風流
스러지고 스러지니 화조월석花朝月夕 져 내린다
인간사 허사로다
이 강의 지킴이 각시님네, 이 설움 아시는지
초승달 앉은 팔자 눈썹 가을강물 고인 맑은 눈에
복숭아꽃 붉은 뺨 버들가지 허리
낭랑한 웃음소리 진주빛 고운 잇색
걸음걸음 금빛 연꽃이요 아장아장 아리따워
차마 아까운들 짧은 봄날에 고운 꽃 져 흐르니 원통쿠나
에라 만수 에라 대신.
왕고내금에 천자天子라 떵떵거리던 이들 몇몇이 돌아갔나
살았을 적 권력이요
아차, 하면 티끌 묻힌 흙이로다
초로풍등 인생 어찌 아니 가련한고.
붉은 꽃도 떨어져 흙이 되리니, 옛사람의 탄식이라
황천만리黃泉萬里 가는 길에 북망산도 많을시고
앞산도 북망이요
뒷산도 북망이라

억새며 덕새며 떡갈나무 가랑잎에
잔 빗방울 큰 빗방울 우는 강바람 뒤섞여
실렁실렁 부는 소리 무엇이 좋다하여 다 찾아가네 그려
영웅도 찾아가고 호걸도 찾아가네
어찌 아니 한심하며 어찌 아니 처량할까
이 내 영산강이나 살려놓고 가소,

아아아, 이제는,
구천을 헤집던 손돌바람도 이 타령 들었는지
어느새 손발톱 세우고 찾아와
앉은뱅이 봉사춤 턱 붙은 곱사춤 추며 잘랑잘랑 놋쇠방울 울리고 향도가香徒歌 가락에 행전 지전 마포 복전 당목옷 지방을 찢어 허공에 흩뿌리니
저기 거무죽죽 식어가는 송장들
어야— 허야—
다시래기 씻김굿은 아니로세
토목패 일당 잡아들이는 저승사자 손님굿이로구나

—길 놔라 배 띄워라 극락 가자 배 놓아라 기러기는 어디 가고 배 뜨는 줄 모르느냐 사공은 어디 가고 배질할

줄 모르는가 그 배 이름 무엇인고 준설선 분명코나 이 강 저 강 다 다녀도 이 강만 한 강 있더냐 이 강물에 업을 씻되 돌아오진 말지어다

—어호 넝청 가래야 너기 넝청 가래야……

—오늘 하루 불법으로 놀았으니 또 울컥, 머리에 연기를 피웠으니 이제 신법으로 고해 드립지요 불쌍하신 망자님들 이 굿 받아 잡수시고 영산강 꽃 꺾어 머리에 꽂고 돈부채는 품에다 안고 청사초롱에 불을 밝혀 연에 연불로 양식을 싸고 활활 강물 따라 바다를 가실 적에 맑은 넋 되어 비린내 단내 가시고 진 옷 벗고 마른 옷 입고 생왕극락으로 가십사 하였으니 아믄! 그렇지! 피장파장 불법으로 놀았으니 얼쑤! 잘 한다! 신법으로 고해 드립니다

—어혀 어혀 여허루 애헤애 애헤애 에헤애야……

허면, 썩 가면서도 똑똑히들 보시라!

저기 개펄에 펄럭이는 수많은 깃발들
만장의 행렬인가?
죽지 않고 입 시퍼렇게 우는

축창의 대열인가!

모두들 가슴이 빠개질듯 두두두두
온몸을 떨었것다
노랑가오리 왕도
비바람 맞은 연鳶처럼 축 처져
아이고 아니고야,
얼굴이 백지장처럼 하애져
뻘바닥에 절퍼덕, 숨을 쌕쌕 몰아쉬더니

모두들 들으라!
'새만금 둑'을 허문 전왕 밴댕이님
심오한 사고,
정확한 판단,
과감한 실천이
아둔한 나를 이제야 깨우쳤도다
주방장 가마우지야,
어서 바삐 남태평양으로 가서
'밴 선생님'을 입속에 고이 모셔오너라,
(배고프다고 혹여 꿀꺽 삼켰다간 삼족을 멸할 것이로다)

여봐라! 짐이 이르노니
망둥이도 몽둥이도 빗자루도 뛰게 하고
해몽도 잘하는 수어秀魚, 숭어崇魚를 총리로 임명하노라!
하굿둑 영암방조제 금호방조제 당장 허물고
승촌보 죽산보 배수갑문을 뜯어내랐다!

바닷물이 드나드는 영산강 한줄기를
영원한 우리들의 수궁으로 삼으리라!

그때여, 아이고 살았구나,
만물이 춤을 추고 노래하니
하굿둑 방조제가 우르르우르르! 우르르르르르르르!
와르르와르르! 와르르르르르르르르!
새 물길 터져 콸콸콸 쏟아지니
백년 묵은 체증이 풀리는구나!
이 내 강이 살았구나!
영산강이 살았구나!

그리하여,

그리를 허여,

햐! 혼기 놓친 인어 아기씨, 영산포에서 제짝 만나 알콩달콩.

노랑가오리 왕, 사심 버리고 맑은 물에서 옳은 정사 펴니 마음에 화火가 사그라지고 간도 좋아지고.

숭어는 그 강에서 태평가 부르며 모치— 참동애—댕기리— 묵사리— 소승애— 연년이 치더라.

요런 이바구 쭈르르 이 강 저 강 퍼지니
세상에서 가장 살기 좋은
삼천리금수강산이 되더라.
큐!!

그 뒤야 또 누가 읊으리니,
세상이 하 야발스러워 이만 어질더질,

* 위 시에서 일부는, 판소리 열두 바탕 사설과 구전 민요, 김석철 교수의 『창비』 기고문, 『바다를 품은 책』 (손택수 지음, 아이세움, 2006, 정약전 원저), 『물은 답

을 알고 있다』(에모토 마사루 저, 나무심는사람, 2002) 등을 인용하였고, 그밖에 신문과 인터넷에 실린 기사와 창작판소리, 유머 등을 재구성하였음을 밝힌다. 끝으로, 부족한 지면에도 불구하고 300매에 달하는 長詩를 기꺼이 연재해준 계간시전문지 『애지』(2010년 가을, 겨울호)와 한 시인의 첫시집을 엮어준 도서출판 '지혜' 반경환 편집주간님 그리고 사랑하는 수수파 일당들에게 깊은 감사의 말씀을 올린다.

2부

판소리 詩
저어새타령

판소리 詩

저어새타령

멋진 새 이야기 한 토막 허겄는디 시방 내 심정이 외악사내키[1]로 금줄 친 장독 속 짠장거튼지라 두서없이 따댁이드라도 맘을 허뻑 열고 눈구녕 똑바로 뜨고 들으랐다

새가 나온다 새가 끼대나온다
두루미도 오리도 아닌 놈 나온다
눈은 껌헌[2] 안경테 두른 벌건 유리알이요
주댕이는 밥숟가락이라.
따복따복 챙겨 묵기 힘든 세상
아예 놋숟구락 두 개를 우알로 처억 포개서
조댕이 끝에 떠억 매달았으니 희귀허고 말고.

1) 왼손(왼쪽)으로 꼬아 만든 새끼. 전라도 방언.

2) 검은.

이름허여 저어 묵는 새요 자칭,
별호는 동서합일東西合一에 자字는 좌우左右당간이라.
고개를 요리 홰딱 저리 홰딱
홰딱 홰딱 홰딱홰딱
갯꼬랑 한 줄기 겉물 속물을 다 헝클고
재앙시롭게 끼대나오는 꼴 가관이로다
온통 숭게투성이[3] 저 조동아리 보아라
딱 조중동이로고.
못된 심보 좀 보아라
역대 간 큰 도독놈들이로고.
과연 천연기념물이로다

허니 저놈 못된 행투가지가 어찌 미움을 사지 않았을 것이며, 어찌 멸종위기에 내몰리지 않았으리요 한번은 황천 앞까지 갔었겄다 돌아오지 않는 강 앞에서 염라대왕 호통 치시길,

네 이놈 우왕좌왕허지 말렸다
고개 똑바로 쳐들고 살렸다
모가지 내 놓아라!

3) 흉터가 많은.

모가지 내 놓그라!

얼이 반 종재기나 빠진 저놈, 눈치를 굼실굼실 몽구리더니 옆굴탱이 개배[4]에서 모가지를 척 꺼내놓으며 이내 피눈물을 뿌리는지라, 사연이 궁금허신 염라대왕 곧, 비서실장 경호실장 정보원장 합참의장 보안사령관을 불러 모아 소곤소곤 수군수군 속닥속닥 쏘삭쏘삭 회의에 회의를 거듭허더니,

야야, 살았을 적 심성이 참 고왔었구나

뒤로 돌아! 그냥 가불어!

모가지 싸게 붙이고 배삐 내빼그라!

그리허여 기사회생, 60년 만에 순천만으로 돌아오는디

(워따, 갈 때는 뽀르르 가드라도 돌아올 땐 되게 먼 곳이 황천인 모냥이요 잉, 이 땅에 무슨 변고가 있어 다시 오는가 본디, 우연치곤 참 요상허요 안 그랴도 밤마다 촛불로 광우병 꼬시르고 쥐 수염 태우느라 솔찬히 시끌사끌헌 판국에 말이요)

어허이!

오래전 그 참헌 사연 한번 들어보겄다

4) 호주머니.

그러니께 지금으로부터 딱 한 갑자 전, 무자년 그때여 따수운 봄날이렸다 고갯짓 오살나게 감픈 새깽이 저어새가 큐우리 큐리 울었쌈시롱, 보짱 좋은 아부지한테 첫 물질을 배우는디,

악아 붓대로 콕콕 찍어댈 것 없다

논또랑에 살던 드렝이를 용龍으로 키워낸

순천만 갯꼬랑 저 큰 물음표

아, 막고 품진 못헐지라도

휘휘 내젓기라도 해야 대장부 아니겄냐

흙탕물에 묵잣것 있고 맑힌 물엔 씨도 없다

좌우우좌 사정없이 후적거려보그라 허벌나게 저어불어라,

허나, 귓구녕에 담아두기는커녕 갈대밭에 되대허니 누웠다가 자뻬바뻬 앙겄다가

실렁실렁 놀악질이나 다발로 허겄다 함 들어볼작시면,

진자리에 행감치고 모른 자리 건너뛰고

비가 오면 점잔빼고 날이 개면 발 삿대질.

얕은 물은 씨게 젓고 짚은 물은 살망살망.

게구멍에 에헴허고 깔대밭에 물똥 싸고

농게 다리 머리 꽂아 도나캐나 멋 부리고
짱뚱이 날개 눈썹 붙여 뻘 속으로 날자씨고
퉁퉁마디 뚝 분질러 꺼꾸로 꽂아두고
칠면초 낯바닥에 허버버벅 뻘칠허여
애고 애고 재밌는 거 빠꿈살이 한답씨고.
짝 다리 짚은 두루미 발 걸어 자빠뜨리고
와온臥溫 가선 서 있고 화포花浦 가면 누워 있고
한피짝[5]에 앙거서요 씰룩대는 논병아리
방뎅이나 홀짜꿍 혓바닥을 낼름낼름
아닌 말로 히야까시 옳은 말로 연애질에
흐린 물속 세월 좀 묵냐 네월이 잘 가드냐
낯짝 비친 거울둠벙 고개 박고 도리도리.

고로코롬 살살 저으면 영리헌 것들 다 내빼고 니 고개만 아픈 벱여,

아부지가 큰 밥주걱으로 거럭거럭 소리치며, 목델미를 밀었다 땡겼다 들깡달깡 어르고 방애야방애야 달래도 밥빌어 뎁혀 묵을 어린놈의 새깽이가

5) 한쪽.

애비 말은 타지 않고 지가 무슨 물 무서운
학鶴이라도 된다는 듯 엥개엥개 꾓발[6] 딛고!
되똥되똥 오리야 똑바로 걸으렸다
뒈질 듯이 악을 쓰고 지랄 옘병 간을 치고!

(허, 똥 묻은 놈이 재 묻은 놈 나무랜다고 아 누군 되똥거리고 싶었겄소? 쬐끔 쉬었다 갑시다 얘 고수야 이놈아 물 좀 다오 아, 싸게싸게 안 주고 뭣허고 자빠졌냐!

우리도 얼마 전에 그랬던 적이 있었지라, 햇볕정책, 에 히웅 자字만 나오면 뭘 몽땅 퍼준다고 눈깔을 까제끼고 우리부터 배부르고 보자, 보수 보수, 악을 쓴께 잠시 쩔뚝거렸을 때가 있었지라

그래도 그때가 봄날이었소 일장춘몽에 과거지사가 되지 않도록 모도덜 정신들 차리고 마음의 창을 다시 열어야 안 쓰겄소? 그건 그렇고 또 갑시다)

애기가 날넘어[7] 갖고 도통 말을 듣지 않든 것이랐다

제 깜냥에는 황금빛 주둥이숟가락을 세상 중심에 떡 올

---

6) 발돋움.

7) 날이 넘다. 경솔, 경망의 뜻.

려놓고, 며감지 사타구니 날갯죽지에 으지잖게 붙어있는 황청백적흑색을 오방색五方色이라 부르고, 검고 삐딱한 발목땡이로 쓰다듬으며 변화무쌍한 음양오행의 엇조를 읊는 것인디

돌고 도는 봄여름가을겨울 다 내 몸속에 있소이다
청룡백호주작현무 나로 인한 사신四神 아니겄소
뻘바닥에 사는 미물들이여
오늘은 화생토 토생금 금생수, 그대들과 상생相生이요
내일은 목극토 토극수 수극화, 그대들과 상극相剋이니
힘알테기 없는 종속과목강문계, 운명의 쌍곡선이
내 주둥이에 달렸소이다
커갈수록, 시건방진 소리에 초를 찌끌든 것이랐다

요런 느자구없는 꼬라지 좀 보소 환장허겄네,
횃병 도진 즈그 아부지 하루는, 힘 파이고 김이 빠질 대로 다 빠져서
허다허다 안되면 굶는 게 상수다 상수.
허나, 요것만큼은 꼭 지켜야 쓴다
하루 두 번 개펄 눈꺼풀에 심 돋는 끝날물 오면
좌우로 휘휘 내젓지 말고

울어쌓는 바다, 허연 밥물만 생키고
고개 끄덕끄덕허그라
그때 잠깐 이 개펄에 사는 산목숨들
붉헌 눈으로 큰 하늘을 쳐다보는 때이니
하늘에 적을 두고도 뻘땅 뒤져묵고 사는 우리네 도리니라,
요러고는 붕鵬이 되야 남명南冥으로 갔다는 것인디

(아닌 게 아니라 뒤져묵어도 엔간히 뒤져묵어야제 몇 천억씩 포대기로 망태기로 포클레인으로 다발다발 몽땅 몽땅 싸그리 꿀떡, 요러다가 몇 놈은 골로 안 갑디여)

아, 그때도 똘레똘레 해코지를 다발로 허더란만!
허나 배고프면 철든다고, 타고난 고갯짓으로 똘망똘망 물 반 고기 반 순천만에서 아무려면 당그레질허는 목구녕 하나쯤이야 개붓허게 못 건사했을까 공작孔雀도 날거미 묵고 산다고 했는디, 그럭저럭 한세월 처묵고는 살았겄제

아, 그런디그란디 요짝 동네에 요상헌 날들이 먹창구름

에 우레 몰려오듯 우그르르 와그르르 떼구르르 왔든 것이랐다

여수 신월동 14연대 기차 타고 순천 오른 며칠 후, 주력부대는 이미 깊은 산으로 떠나고 없는 무주공산에, 토벌대들이 하늘 땅 바다로 입체작전을 펴며 미친 개떼가 되야 들이닥치는디

계엄령을 내리고 계엄령을 내리고
외통수를 보자 외통수를 꼭 보자
광양 벌교 구례를 야무지게 틀어막고
여수 쫑포 앞 바다에 군함 띄워서
독 안에 든 쥐새끼 쥐새끼들을 만들고
카빈소총 에망소총 장갑차에 박격포
57mm대전차포 헬리콥터 따발총
조총 새총 말총 눈총 모조리 동원해서
농사꾼 장사꾼 어부 학생 아짐씨
아자씨 할매 할배 여자 남자 애기 메기
구별 없이 싹쓸이 따콩 따콩 따다콩
따다다다 따다다다 따닷따닷 따따따따 콰콰 우르콰 우르르콰 우르우르콰콰콰콰

쏴대고 지져대고 퍼붓고 불 지르고—,
인심 좋은 순천順天은 역천逆天되고
산고수려山高水麗 여수麗水는 오수汚水에 악수惡水가 되었겠다
허나, 요것은 새 발의 피요 모기 발에 워커요
우익교향곡曲의 보드라운 서곡이었겠다
가담자 색출이라는 즉흥환상곡哭이 기다리고 있었으니

또 죽는다 죽는다 죽는다
끝도 갓도 없이 죽어간다
빨치산 아지트로 등짐 져다주고 아이고 나 살았다! 부리나케 내려온 놈.
내려온 놈의 아부지 엄마 각시 동생 사돈네 팔촌.
산 손님에게 쇠양치 빼앗긴 놈. 쌀 고구마 보리 꿔준 놈.
그걸 보고도 신고 안헌 놈. 신고했어도 접수 안 된 놈.
흰 지까다비 신은 놈. 군용 빤스 입는 놈.
대가리 빼코 민 놈. 손바닥 맨들헌 놈.
평소에 보기 싫은 놈. 글줄이나 읽어 본 놈.
못생기고 힘없는 놈. 금이빨 박은 놈.

은장도 품은 놈. 뒈져도 찍소리 안헐 놈.
찍소리 허드라도 바로 뒈질 놈. 무슨 죄가 있건 말건
저놈이요! 손가락질당헌 놈.

일타쌍피 싹쓸이 특피 다이아몬드 세 장에
피 석 장 엎히고 새고도리 비고도리
쓰리고 포고 파이브고 배판에 또 흔들고
광박 피박 멍따에 월약 너 홀로 독박
다들 죽었다 디졌다 찍찍찍, 뒈져버려라!
쌔려 죽이고 패 죽이고 찍어 죽이고 콱콱 쏴 죽이고, 쑤셔 죽이고 비틀어 죽이고 묻어 죽이고 조곤조곤 쪼사 죽이고
낙장불입이닷!
기왕 내지른 김에, 베고 누르고 찢고 태우고 절이고 지글지글 칙칙 지져 죽이고
비풍초똥팔삼이 웬 말이냐!
우엣놈 아랫놈 순서 없이, 깎고 조이고 끊고 비벼서 쭉 뽑아 우려내고, 양잿물에 훌렁훌렁 헹궈 죽이고 튀기고 얼리고 녹이고 데쳐서 살가죽 벗겨 널어 죽이고
밤일낮장 좋아허시넹!

해가 솟던 달이 뜨건 낮이나 밤이나, 잉잉 울려 죽이고
실실 웃겨 죽이고 찔벅찔벅 건드려 죽이고
이 판은 나가리가 없는 판이다, 종자種子도 남기지 말그라!
허, 허, 허, 쇼당도 안 받고
모조리 죽이는디

아 새끼저어새,
저어새새끼 그놈!
시체낟가리 쌓든 풍덕다리 밑이라든가
천하악질 백두산호랑이가 좌익 가담자 색출헌답시고
비 맞은 달구새끼[8]거튼 사람들 모다 꿇어앉히고
시퍼런 니뽄도를 모감지에 들이대고
뒈질래 살래, 살래 뒈질래
타는 지리산골짝으로 마른 백운산자락으로 내뺀
연맹, 여맹, 산군山軍패거리 캐묻는
사범학교 핏구뎅이 앞이라든가

(훠이! 훠이! 요것은 80년의 봄, 광주 도청 앞 상황허고

---

8) 닭.

어찌 비슷꼬롬허요 낙지 대가리 번들번들 영리헌께 언능 컨닝구했는갑소, 뭔 구실이 있어야 개 잡듯 때려잡겄는디 껀수는 없고 짓고땡 끗발은 서질 않고, 전라도 버전으로 말허자면,

에라 모르겄다, 쩌그 저 전라도 촌놈들 논두렁깡패거튼 놈들 우리는 남이당께! 족보를 확 긁어 파불어라, 비상계엄 내리고 호루라기 밤마다 불어 옴짝달싹 못허게 가둬라, 외지로 소문날라 탱크로 사방팔방 틀어막고 폭삭 그 자리에 주저앉혀라잉, 필경 요랬을 것이요

아이고 또 물 한 볼테기 마시고 헙시다 고수 네 이놈, 이 시러베아들놈아 빨랑 물 대령 안허고, 뭔 지랄헌답시고 앙거만 있냐?

쩌기 저 제주도 선상님은 뭐 좀 알란가 모르겄소마는, 제주도 비는 요새도 사삼사삼 내린담서요 어허, 거 전라도 영암이라 월출산 출신 이쁜 아낙 시인이 그럽디다 헌디, 광주 비는 시방도 오씹팔오씹팔 내리고 여수순천 비는 씹씹구씹씹구 내리요, 요건 싸굴탱이 없는 내 주댕이가 헌 말이요 자자, 또 가봅시다)

아 고놈, 보다보다 못 보겄든지

두 눈 뜨고 도저히 못 보겄든지
허머, 지에미 시벌헐 좆도 아닌 놈들
배창시 확 끄집어서 되야지 꾸정물에 처박고 대가리 쪽박을 깨서 손목에 걸고 갠지 갠지 깨개갱 꽹과리나 칠 놈들
납작자지 달았냐 졸금자지 달았냐 용두질에 비역질도 못헐 놈들
날아가는 새씹이나 올려다보고 마누라 밑엣품 팔아 고위관직 살 놈들
에미 애비 자식에 별눈 뜬 손주도 없느냐
하늘이 무섭지도 않느냐 별똥 맞아 뒈질 놈들아—
하더니,

나가 그랬소!
나 혼자 그랬소!
뽀르르르 지 발목땡이로 맨 앞줄로 가서는
모가지를 왼쪽으로 쭈욱 내밀고
예씨요 예씨요 예씨요 세상에서 젤로 치기 좋은
길쭉헌 모가지 여깄소
나를 치시오 내 좌경모가지 여깄소!

나가 반동이요, 좌익이요
예예예예예예!
처음 마지막으로 고개를 까딱까딱 끄덕끄덕허더니
시퍼런 칼날에 모가지 뎅강,
콱, 뒈져불더라는 것이랐다

허허, 새가 사람보다 백배 천배 낫고말고.
참헌 구신이 산(生) 사람 똘것[9]보담 천배 만배 낫고말고.
모가지에서 떨어져 나온 밥숟가락도
애먼 목숨 몇이라도 더 구헐라고
예, 예, 예예, 예예예, 한참 동안 호딱호딱,
피를 뿜으며 뛰더란만
(여보소 우리가 남이가? 요것도 실은 요때 배워간 것이요 그런디 쪼깨 잘못 써 묵었지라잉, 아 웃지들 마소 여기는 초원복집 밀실이 아닌 확 트인 광장 아니겠소 아닌 게 아니라 우리가 남이요? 다들 뭣 허고 있다요 속고 또 속아 속창아리 없는 우리랑은.
미친 듯 비 오는 것이 광우狂牛가 아니요 옥수청운玉水青

9) 돌연변이.

雲의 물길이 대운하가 아니요 빙하가 녹아 수면 높아지는 것이 물가상승이 아닌디 말이요)

그리허여 한 갑자 지난 아즉꺼정도 순천만 칠면초七面草밭, 가을이 오면 주노초파남보 얼굴을 버리고 핏빛 한가지로 물드는 것이란만

와온 뻘밭이 품어 키운 보름달, 서편 화포포구에 둥실 뜰작시면 나도 꽃이요 니도 꽃이여 서로가 서로의 꽃인 거여 핏빛 칠면초꽃, 단색 무지개를 촛불맨치로 켜들고 꿀렁꿀렁 우는 것이란만

(빛깔 잃고 속 비우고 흔들거리는 갈대에게 허허로운 호기심이나 일어, 어쩌다 순천만에 나긋나긋 생각도 없이 오시는 님들, 아따 화포에 가본께 꽃도 없드마, 요런 말은 허지말드라고요 심장의 피가 꽃으로 끓어오르는 순천만이랑께요)

새가 날아든다 저어새가 날아든다—
큐리 큐리 큐우리 리리 리 울음 운다
저 건너 병풍석屛風石에 마주 꽝꽝 마주 쌔려

헌 부리 깨뜨리고
갈아 끼운 새(新) 부리, 쌍칼 휘두르며
갯고랑 모진 물 베러 온다—
이리로 가며 번뜩 저리로 가며 번뜩
풍진 세상 휘저으러 저어새 날아온다—
큐리 큐리 큐우리 리리 리 에이이이이이어
좌우로 휘저어 구정물 베러 온다
훠이 훠이 잡것들아 물렀거라
저어새 날아든다— 큐!

세월이 하 수상허여 이만 더질더질,

해설

카니발적 체험과 새로운 소통

김 병 호 시인 · 협성대 교수

카니발적 체험과 새로운 소통

김 병 호 시인 · 협성대 교수

판소리 시집 『영산수궁가』의 머리에 놓인 「작가의 말」에서 시인 양해열은 다음과 같이 이야기하고 있다. "판소리는 밋밋하게 사설만 읽는 멀건이 독자에겐 소설이요, 창자와 고수의 연극을 물끄러미 바라보는 아둔패기 청, 관중에겐 희곡이요, 어우러져 울고 웃으며 추임새를 넣으며 그 내용을 적극 수용하고 행동으로 옮기는 이 시대의 현자에겐 한 줄기 시가 아닐까? 졸작이지만 이 작품이 꼭 시가 되길 바란다. 왜냐하면, 내 살고 있는 강이 너무 아프기 때문이다." 시인은 위의 진술에서 이미 자기 작품의 전략적 형식과 주제의식을 밝히고 있다.

그는 우리의 문학 장르 중 가장 민중적 요소가 강한 판소리의 형식을 통해 현실적 문제에 직면해 있는 영산강에 대해 우리에게 호소하고 싶은 것이다. 그렇다면 시인은 현대시의 형식적 주류를 이루고 있는 자유시가 아니라 굳이 판소리라는 비주류적 형식을 선택한 이유는 무엇일까에 주목이 가지 않을 수 없다. 그것은 아마도 판소리의 본향인 전라도 순천 출신이라는 시인의 생래적 기질의 영향과 판소리가 지닌 민중성이 시인의 시적 전략과 맞아 떨어졌기 때문이 아닌가 싶다.

판소리의 기원과 발달에 대한 이야기들은 많지만, 기본적으로 판소리는 서사무가를 바탕으로 17 · 18세기에 나타난 우리 고유의 문학 형태로 인정된다. 그리고 이 판소리가 발아하고 성장한 지역의 중심축은 호남지역이다. 시인 양해열의 고향이기도 한 호남은, 백제의 찬란한 문화유산을 이어받아 비옥한 옥토와 풍부한 농산물로 비교적 넉넉한 삶을 이어갈 수 있었으나 삼국시대 이후 정치적으로는 오히려 소외되었던 곳이다. 무가에서 시작된 판소리는 호남이라는 특수한 지역적 환경과 배경 속에서 예술적, 사회적, 기질적 요소를 바탕으로 서민성과 낙천성을 갖추며 발전할 수 있었다. 그러나 근대 이후 시가의 양식이 현대시로 대변되면서 자유시가 등장하게 되었고, 판소리는 그 토대를 잃게 되었으며 다만 문학이 아닌 음악의 한 형태로 변형 유지되고 있는 형편이다. 서양의 오페라와 비교할 수 있는 판소리는 일종의 극적 음악으로, 이야기의 줄거리를 효과적으로 표현하기 위해 아니리와 소리를 적절하게 배치하여 판을 짜고 몸짓으로 연기하는 발림을 사용한다. 또 고수는 북만 치는 것이 아니라 "으이, 좋지"라는 식의 추임새를 통해 흥을 돋구어주며 창자와 청자와의 가교 역할을 수행한다. 1970년 『사상계』에 발표하여 당대의 큰 반향을 일으켰던 김지하의 담시 「오적」 역시 판소리 시의 계보에 놓인 작품으로, 이후 간간이 판소리 시들이 발표되긴 하였으나 하나의 시도에 불과하였고, 시인 양해열처럼 전면적으로 판소리 시를 통해 독자와의 긴밀한 소통을 시도한 경우는 드문 현실이다.

아놀드 하우저는 「민중예술과 대중예술」에서 "예술작품은 정신세계라는 진공에서 생성되지 않는다. 예술 생산은 동적이고 변증법적인 것이며, 인생 전체와 밀접하게 연결된 행위이고, 실천에 뿌리를 둔 활동이다"라고 진술한다. 이때 예술은 예술의 본질적 가치뿐만이 아니라 예술이 거느리고 있는 다양하고 비예술적인, 유사 예술 활동 영역과 접촉하면서 다양한 층위를 내포하게 된다. 물론 이러한 모험은 의심스럽고

타락되거나 거짓되기 쉬운 유혹에 쉽게 노출되기도 하지만 이러한 변덕스런 상황에서도 예술가는 민중성을 기반으로 한 일정의 쾌활함을 성취할 수 있다. 하우저는 읽는 이를 즐겁게 하고 흥미롭게 하는 작품을 가장 탁월한 것으로 꼽는다. 이러한 관점에서 봤을 때 판소리라는 양식은 대단히 모범적이고 규범적이게 된다. 그리고 시인 양해열은 이러한 판소리의 장르적 성격을 정확하게 이해하고 있는 시인으로 보여진다.

> 달나라 4대강 만들기 사업이 한창이던
> 2030년 경술년庚戌年 초봄이라,
> 한반도 남해에서는 노랑가오리가 옥새를 쥐었것다
> 문무백관 좌청룡 우백호로 늘어앉히고 사나흘 축하연을 베풀 적에 홍어삼합 탁배기에 취한 가오리 왕, 간肝이 부을 대로 부어 퀴퀴한 속셈을 만천하에 드러내고 말았으니 허허, 바다가 돈짝만 했것구나 흑산도 면장 도시락 반찬 통만 했것구나
> 허여 내 오늘, 밸이 꼴릴 대로 꼴려 딱 뒈질 맛이라,
> 이놈 이야기 하나 힘껏 시위 당겨 푸른 하늘에 쏠 터이니 두고두고 잘 주워섬기렸다

시인은 시적 공간을 2030년으로 상정하고 있다. 이는 단순히 강팍한 현실에서 벗어나고픈 욕망에서 비롯된 것이 아니

라, 시적 대상과의 물리적 거리를 확보함으로써 좀 더 자유롭고 비판적으로 살피고자 하는 일종의 풍유적 거리 확보를 위한 것이다. 더불어 이러한 시간적 공간 상정에는 역사적 전승력의 요소도 작용을 하게 된다. 즉 문학작품은 사회적 공감을 통한 전파력과 함께 형식과 구조에 있어서도 사회적으로 공인된 유형성을 지니고 있어야 하는데, 일반적인 문학 작품처럼 사회적 현실의 영향관계를 거부하거나 부정하는 것이 아니라 역사의 발전 과정에서 만나게 되는 사회 현실과 평행되는 관계에서 이루어지는 하나의 문학적 공간이 되는 것이다. 이명박 정권의 4대강 사업에 대한 비판이라는, 특정한 시대의 사회 현실과 일 대 일의 고정적 관계에 종속되기 보다는 오히려 지속적이고 가변적으로 공간에서 재창조되며 전승되기를 의도하는 것이다. 따라서 이 작품은 시인 양해열의 개인의 창작일 뿐만 아니라 2010년대라는 사회적 생산의 역사적 축적에 의한 사회사적 생산물로 보는 것이 더 적절할 것이다.

또한 양해열의 「영산수궁가」는 현대시가 등장하면서 사라진 공동성과 민중성에 기초하고 있다. 이는 오래전 공동 문화의 기초를 제공했을 때 갖추고 있었던 삶에 대한 통일적인 정신 자세를 지니고 있다는 의미인데, 이때의 공동성은 단순히 원시적 형태의 공동체의식을 의미하진 않는다. 공동체 사회에서는 새로운 질서를 추구하려는 민중적 동류의식과 생활의식을 집단적으로 공유할 때 축제는 벌어진다. 시인이 역시 작품의 도입부에서 "이야기 하나 힘껏 시위 당겨 푸른 하늘에" 쏘는 행위로 작품을 시작하는 것은 인습적인 타부를 깨뜨림으로 전도된 가치를 행동으로 성취하려는 일종의 반란이며, 작품을 하나의 축제로 이끌어내려는 의도가 감추어진 것이다. 여기에는 이전 시대의 판소리가 공동의 적을 퇴치하고 공동체적 삶을 옹위하여 그 공감대를 일선 생활선상에서 확충하고자 하는 민중의 의지를 담았던 정신이 전승되고 있다. 「영산수궁가」는 이렇게 공동체 의식의 공유와 그의 실현이라는 배경 아래에서 시작되고 있으며, 결국에는 공동의 적을 척결함으로써 강화되는 공동체 의식을 현실적으로 구가하는 것으로 마무리를 하게 된다. 2030년 홍와대洪瓦臺의 노랑가오리 일당을 배경으로 거칠 것 없이 퍼붓는 「영산수궁가」가 결국은 2010년대 민중들의 실제 생활과의 유대가 이루어지고 있기 때문이다.

허나, 이때부터 물맛이 간조름짭짤해진 바다에선
물고 물리는 정권 다툼이 끊이지 않았으니
아이고 머리야 곳곳이 암초로다
(고수鼓手야, 몸서리나는 과거사, 이제 그만 청산해버리자

잦게 몰아 자진모리로 가자구나)

(—아, 박수는 요때 치는 것이요 잉! 박수~! 그나저나 야야 고수야, 네놈은 뭐 강에 대해서 씨부렁거릴 말 없냐?
—아따, 야닯 치 막가지로 쇠가죽 통이나 뚜다리는 놈이 뭘 알겠소!
—일고수이명창이요 까불대고, 암명창수고수요 궁뎅이를 넘보더니 빼긴 왜 빼는 게냐 북 하나만 달랑 찬 전라도오페라, 내 신세 한번 더럽구나,

문자로 기록되는 서사체는 일반적으로 작자 또는 화자와 독자의 거리는 말로 연행되는 서사체보다 멀다. 이는 기술된 서사체에는 문학의 두 주체인 작자와 독자 사이에 직접적인 소통이 단절됨으로써, 그들 간에는 그 만큼 공감대 형성이 어렵게 되었다는 말이기도 하다. 그래서 시인은 빈번하게 나름의 수단과 방법을 사용해서 독자와의 거리를 좁히려는 노력을 기울이고 있다. 일반적으로 어투와 정조라는 수사학적 장치들이 이런 효과를 노린 방법들 가운데 하나인데, 독자를 마주보고 이야기를 나누는 듯한 착각을 불러일으키게 만드는 은근한 대화식의 말투나 말 건넴의 어투는 시인이 판소리 시의 형식을 빌미로 독자들에게 접근해가는 하나의 방식이다. 시

인은 스스로가 시적 발화자가 되어 독자와 얼굴을 맞대고 대화를 나누듯이, 이야기의 발화 공간을 글 속에 있는 가상적 공간으로 내놓는 것이 아니라 생동감 있는 현장의 공간으로 전이시키고 있다. 독자와의 거리를 더욱 좁히고 현장 공간의 분위기가 많이 재구될 수 있도록 하면서, 언어 자체가 포함하고 있는 의미 자체는 부차적인 것이 되고 대화를 하고 있다는 현장감이 오히려 전면에 부각된다. 더불어 독자의 눈에 보이지 않는 고수를 등장시켜 작품이 하나의 무대에서 이루어지고 있음을 상기시키거나, "영산강의 심정을 전하는디/ 가만 들어볼작시면" 이라거나 "인자 본론으로 가보것음다", "듣고 느낀 대로 말씀 올리것습다" 등의 진술 방식은 시인이 마치 독자와 직접적인 소통을 하는 것과 같은 여지를 충분히 만들어 낸다. 판소리 시는 현장의 공연에 중점을 둔 판소리와 달리 직접적인 현장성이 떨어지기 때문에, 시인은 시라는 양식의 한계를 극복하고자 독자 간의 직접적인 대화가 아니라 시인과 독자 간의 간접적인 대화라는 차원으로 바꾸어놓는다. 그래서 직접 눈에 보이지 않는 독자의 관심을 지속적으로 유지시키기 위해 나름대로 효과적인 방책을 강구하기 위해 이러한 현장성 강화에 집중하는 것이다.

줄지어 넘어간다 굽이굽이 넘어간다/ 고비고비 넘어간다 가다가 엎어져 거꾸로도 간다/ 두어 바퀴 돌아서도 간다 토플러 에언대로 간다/ 권불십년으로 간다 화무십일홍으로 간다/ 좀팽이도 가고 물통이도 가고 깍짓동도 가고/ 꺼병이 꺼병이 어정잡이 옹망추니도 간다/ 좋구나 이놈의 권력이야 어데 갔다 이제 오냐/ 온몸으로 오거라 후딱후딱 오너라 남실남실 오거라/ 두툼하게 오너라 좌충우돌 왼손 오른손으로 오거라

다도해라 동글동글 섬 등 얼룩덜룩 육박나무, 아름드리 구실잣밤나무, 붉가시나무 다정큼나무 돈나무 감탕나무 황칠나무 사스레피나무 신새덕이 생달나무 녹보리똥나무 늘 푸른 상록활엽수 군단이요 늘푸늘푸,

양해열은 문장의 구어적 특성을 강화하여 구술 연행의 효과를 더욱 잘 살아나게 하는 데에도 많은 신경을 쓰고 있다. 낭독을 리드미컬하게 할 수 있도록 언어적인 장치를 마련하여 일정한 음률을 생성할 수 있는 어절이나 어구를 반복하도록 조치한다. '굽이굽이'와 '고비고비'의 댓구나 '후딱후딱', '남실남실' 등의 표현은 시인이 의도적으로 내용의 흐름과 호흡을 고려하여 자연스럽게 운율적 쾌감을 구획한 부분이다. 위의 인용 부분을 자진모리장단 정도의 비교적 빠른 속도로 읽

어 가보면, 강조된 내용 자체보다는 사용된 언어와 반복적 발화가 주는 쾌감에 의해 더욱 흥미를 느낄 수 있다. 또한 그 아래의 인용부분을 살펴보면 명사구 종지법과 같이 유사한 리듬의 반복을 통해 구술언어의 효과를 극대화하려는 노력의 전형적 예를 보여주기도 한다.

한편의 양해열의 판소리 시에서는 4음보의 율문을 되풀이 함으로써 생기는 리듬감을 통해 구술의 효과를 강화하려는 시도 역시 쉽게 읽어 낼 수 있다. 일반적으로 시인 양해열이 지향하고 있는 4음보는 현대시에서 다소 배제되고 있는 운율이다. 이렇게 현대시에 이르러 4음보 대신에 3음보가 부각된 이유로 조동일은 『한국 시가의 전통과 율격』에서 3음보가 4음보에 비해 다채롭고 활발한 변형이 가능하기 때문이며, 조선시대 교술적 문학사조의 율격이었던 4음보의 장중함을 3음보가 극복하자고 했다는 점을 들고 있다. 또한 조동일은 현대시의 율격이 개화기 시간의 4음보 율격이 지니는 교술적 성격과 그 전통을 극복하려는 반작용으로 파악하고 있다. 조동일의 주장처럼 현대시에서 율격의 산문화는 대세적 흐름이지만, 3음보의 상대적 세련됨을 추구하는 작품들도 물량적으로 상당하다. 이때 3음보와 4음보의 교차적 활용이 가능한 판소리에서 4음보에 중심을 두는 시인의 전략은 무엇일까. 기본적으로 4음보는 서정의 공간을 넉넉하게 용납하지 못한 현실적 여건을 극복해내고자 하는 역사현실의 주체적 율격이기 때문이다. 즉 단순히 서민가사의 기준 음보로서의 역할이나 현대시 내부의 4음보의 창조적 변용을 실험하는 단순한 복고주의나 시간의 재현이 아니라 현대시의 비주체적 혼란을 극복하고, 주체적 복원을 달성하기 위한 노력으로 보아야 할 것이다. 전략적으로도 4음보는 서민가사류가 지니고 있는 구조적 서사성과 서술 방식의 장중한 톤을 통해 사건이 운명적으로 파악되고 서술되는 일종의 담시적譚詩的 성격을 띠게 된다.

실제로 시인은 자신의 작품에서 3음보와 4음보의 사용을 구분짓지는 않는다. 구체적 형식의 제약에 얽매이지 않고 3음보와 4음보의 혼합사용을 통해 자유자재로 자신의 가락을 만들어가고 있다. 그러나 정작 4음보의 정형화된 운율이 사용된 독립된 연에서는 시인이 궁극적으로 개인과 공동체의 진실한 역사를 수렴해가는 일에 전폭적으로, 혹은 지극히 자연스럽게 이바지하고 있음을 느낄 수 있다.

나옵소서 나옵소서 산에 산신 냇물 용신
고갯마루 서낭신 골목길에 객귀 걸신
대문간에 문신이요 부엌아궁이 조왕신
뒷간 통시 칙간신에 대청마루 성주신

안방에는 삼신이요 애 잡아먹는 애귀신
총각 죽은 몽달귀신 처자 죽은 손각시
할매 잡는 할배귀신 과부 잡는 홀아비귀신
정월보름 제웅귀신 피 빗자루 도깨비귀신
들밥 먹는 고수레귀신 고뿔할 때 고뿔귀신
마마에는 처용귀신 우물가 물바가지귀신
이 산 저 산 토목귀신 갯벌에는 간척귀신
앞강에는 보귀신 4대강에 준설귀신
앞바다 방조제귀신 등 너머엔 여보당신
눈앞에는 정치혁신 서리서리 내리소서
영산강을 보옵소서 굽이굽이 살피소서

가장 안정된 리듬감을 확보하고 있는 4음보에는 무엇보다 먼저 투철한 역사의식이 요구된다. 이는 시문학의 율격사에서 4음보는 시적 대상의 긴장감을 가장 적절하게 실어내면서 동시에 고난과 부조리의 중심을 해체하는 능동성을 내포하고 있기 때문이다. 어떤 부분에서는 '패듯', '치듯', '감치듯', '싸듯' 의 4음보 대구를 통해 어깨춤이 저절로 춰지는 듯한 강력한 리듬감을 확보하기도 하는데, 시인의 이러한 4음보의 서사적 복원력은 우리 시대가 당면하고 있는 정치적, 문화적 위기의 현실 앞에서 외래적 가치보다는 내재적 복원력에 관한 관심의 한 표현이다. 전통적 운율의 회복은 결국 민족적 · 민중적 공동체의 삶과 지속을 위한 하나의 정신이며, 시인이 시도하고 있는 4음보 율격의 복원은, 완결된 삶의 예술적 창조를 이루려는 노력과 올바른 인간의 기반에서 이탈되지 않으려는 도덕적 긴장의 형식이다.

4음보의 운율 안에서 시인은 서낭신과 조왕신, 성주신, 몽달귀신, 도깨비귀신, 처용귀신, 여보당신을 불러내고, 4음보의 율격 안에서 주술적 힘을 모아 영산강을 지켜내려 한다. 따라서 4음보의 역할과 4음보의 서사적 산문정신은 오히려 현대적 시정신의 활력과 광역화를 만들어낼 수 있을 것이다. 많은 시인들이 시와 시인의 대중적 고립을 심각한 위기로 간주하고 있는 이때에, 시인 양해열은 시가 살아있는 인간에 대한 실질적인 애정과 연대의식을 가지고 있어야 하며, 닫힌 세계에서 열린 세계로의 적극적 지향을 본질로 하고 있음을 운율을 통해 알려주고 있다. 시인은 현대사회의 제반 역기능들로부터 강요당하고 있는 시와 대중 간의 격리를 극복하여 이를 가장 밀착된 거리로 근접시키고, 인간의 근원적 · 전통적 자아를 복원하기 위해 인간의 가장 강렬한 운율인 4음보를 선택하고 있는 것이다. 민중의 정서가 강렬하게 무르녹아 있는 민중의 언어를 통해 현실생활의 강제와 억압을 극복해내는 한편, 이것을 자아회복의 동력으로 새롭게 변용하려는 노력이 양해열 시가 지니고 있는 시대적 가치라 할 수 있을 것이다.

마지막으로 양해열 작품의 또다른 개성을 살펴보자면 그것은 카니발적 특성에서 읽어낼 수 있을 것이다. 러시아의 문예이론가인 바흐친이 사용한 '카니발'의 개념은 우리의 문화에서 웃음과 질서의 뒤집힘이 있는 난장의 공간 혹은 축제의 시공간으로 이해할 수 있다. 이때의 카니발적 공간은 일상 세계에서 완전히 유리되고 일상적 가치가 철저하게 뒤바뀐 축제의 공간으로서, 기존에 현상적으로 존재하는 질서가 모두 정지되고 자체의 구조와 질서만이 의미를 갖게 되는 곳이다. 때문에 카니발은 누구나 구성원이 될 수 있는 집단적이고 민중적인, 변화와 다양성이 존재하는 역동적 공간이 된다.

시인은 「영산수궁가」의 전반부에서 '껄쩍지근한 수중권력사'를 거론하면서 "4 · 19 소금맷돌 대동단결 돌려대니/ 바닷물은 짠물 되고 사사오입 메기왕은/ 주둥이가 덜렁덜렁 삼투압이 안맞구나!"하며 초대 대통령을 이야기하고, "짠짠짠―, 5월 낙지대감!"은 "쩐이 장땡! 본인은 전재산이 이십구만 칠천 원! 아름다운 노인에 생활보호대상자요!"라고 전직 대통령을 비아냥거리고, '멸치 왕'과 '설거지 왕 홍어 선생님'을 이야기한다. 누구나 알아볼 수 있게 전직 대통령을 호명하는 방식은 카니발적 공간에서만 가능한 것이다. 바흐친에 의하면 카니발화된 언어가 가장 많이 사용되는 공간은 사람들이 많이 모이는 길거리나 장터이다. 이 속에서는 홍청망청 놀며 떠드는 소리, 욕설과 악다구니, 과장된 표현이 흘러넘친다. 이곳은 공식적이고 의례적인 데서 벗어나 거친 언어를 사용함으로써 규범이나 인식을 깨뜨리고자 하는 민중적 세계관이 지배하는 곳이다. 민중적 세계관은 공식적인 공간에서 그 공간에 어울리는 규범을 파괴함으로써 도리어 새로운 창조와 갱신을 얻으려는 생각에 기초한다. 양해열의 경우, 규범이 파괴된 공간에서 언어의 유희적 사용을 통해 웃음을 유발함으로써, 희극적인 카니발 공간을 연출하고 있다. 그리고 우리는 시인 양해열의 「영산수궁가」가 지닌 카니발적 특성이 단순히 우연에 의한 것이 아니라 매우 의도적인 구성에 의한 것임도 쉽게 알 수 있다.

> 20년 전에는 강과 운하를 혼동하여,
> 지방하천에서 97%가 발생하는 홍수를 핑계 삼고
> 일용직 아르바이트생이 대부분인 건설 일자리 34만 개
> 창출을 구실 삼아
> 서로 다른 네 개의 강을 하나의 해법으로 풀더니,
> 예비타당성조사 환경영향평가 몇 달 만에 후딱!

수십 조 원 국민혈세 물 쓰듯 펑펑!
공사! 공사! 공사!
그게 끝이 아니라,
해마다 유지보수비에 이자보전비,
천문학적인 돈을 낭비해가며
아예 강을 죽이고 말았소이다. 그러니,
복지 환경 노동 교육 보건의료 예산은 바닥이 나고!
학생급식, 실업자구직, 비정규직 정규직 전환,
집 없는 서민과 중소기업 중소상인 보호는
그림의 떡이 되고!
이런 얄팍한 양심으로 무엇을 이루려했는지 잘 보시오.
4대강 사업 일자리가 지금도 남아 있소이까? 여러분!
대형건설업자와 부자 몇몇을 위한 공사였을 뿐이외다.
허니, 풍백 우사 운사 삼신三神 거느리고
이 땅에 터 잡으신 환웅님의 계신 뜻 무슨 낯으로 뵈리오.
구름 일고 비바람 치니 두렵지 않은가 인간이여,
짐승의 탈 벗어버리고
하루빨리 강을 살리시오.

시인 양해열이 추구하는 판소리 시의 바탕은 생활 속에서 연희이다. 달리 말하자면 일상 생활 속의 축제라고 할 수 있겠는데, 생활 속의 의미는 다시 생활의 일부이거나 생활의 연장선상을 의미하게 된다. 시인은 이 시의 시간적 배경을 2030

년으로 설정해놓았지만, 사실 시인이 구축하고 있는 이러한 공간이 바로 생활의 시공간이며, 실제 우리들의 삶의 현장이고 연희의 시간 역시 삶의 현재이라는 점을 간과할 수는 없을 것이다. 양해열은 기존의 정치적 질서와 편향된 규범이 금기시하는 '4대강 사업' 이라는 소재를 담론화시켜, 우리 사회의 정치적 모순과 부조리를 지적하고자 하였다. 강압적인 정치 질서와 왜곡된 틀 안에서 '4대강 사업'의 문제점을 직설적인 풍자나 해학과 같은 저항의 방식으로 우리 사회의 진실을 제시한 것이다. 시인은 판소리의 장르적 특성을 활용하여 문학적 카니발을 통해 낡은 질서의 파괴와 새로운 세계의 창조를 보여주고 싶어 했고, 결국 공식적 담론의 파괴와 그를 통한 민중적 세계관의 구축을 건강하게 보여주었다. 시인의 이러한 곱고 곧은 마음 때문에, 그의 바람대로 그의 작품이 소설이나 희곡으로 읽히지 않고 온전한 시로 읽히며, 시의 마지막 장을 덮었을 때 우리의 마음 역시 시인 양해열이 살고 있는 강이 더 이상 아프지 않기를 바라는 간절한 마음이 되는 것이다.

양해열

전남 순천에서 태어났고, 순천대학교 대학원 국어국문학과를 수료했으며, 2006년 『애지』로 등단했다. 판소리 서사시집 『영산수궁가榮山水宮歌』는 그 이야기를 가지고 있다는 점에서는 소설이요, 그 극적 요소가 많다는 점에서는 희곡이지만, 그러나 그 이야기가 노래이기 때문에 '구비서사시口碑敍事詩'로 분류할 수가 있다. 요컨대 판소리 서사시집 『영산수궁가』는 소설, 희곡, 구비서사시에 대한 역사 철학적인 지식과 그 시적 재능이 없이는 어느 누구도 도전할 수 없는 전인미답의 세계라고 할 수가 있다. 판소리 서사시집 『영산수궁가』는 우리 한국어와 우리 한국인들의 영광이자 자랑이라고 할 수가 있다.

이메일 주소 : susu2y@hanmail.net
전화번호 : 011-622-1083

양해열 시집
영산수궁가

발　　행 2011년 8월 30일
지 은 이 양해열
펴 낸 이 반송림
펴 낸 곳 도서출판 지혜
계간 시전문지 애지
기획위원 반경환 강신용 이형권 황정산
주　　소 300-812 대전시 동구 삼성1동 273-6
전　　화 042-625-1140
팩　　스 042-625-1140
전자우편 ejisarang@hanmail.net
홈페이지 www.ejiweb.com

ISBN : 978-89-966430-1-2 03810
값 10,000원